融合型·新形态教材
复旦学前云平台 fudanxueqian.com
婴幼儿托育·早期教育系列教材

婴幼儿保教综合实训

主　编　聂红仙　邓　迎　汪志翔
副主编　李宛霓　周　苡
参　编　宋海生　高　红　汪爱娟　尹杰媛
任　薇　邓　婷　李玟蒂　陈国寻
余珍燕　马成帆　浩春福　栾欣珊

復旦大學出版社

内容简介

本教材强调岗位技能的培养，细化学习过程和岗位工作流程，并设计相应的量化考核和评价标准，使学习者明晰各项任务的完成步骤，能分步骤地得以训练和提升。教材中的案例均来自托育机构，为学习者再现了真实的保教情景，使学习者有真实的岗位体验感。

本教材分为三个项目：项目一指向岗前的知识技能准备，项目二指向岗位任务的实施，项目三指向岗位必须具备的素养。每个项目下分解出若干任务，每一任务项均设有课前体系，包括学习情境、学习目标、学习准备等，明确了学习的目标和方向，引导学习者带着思考和问题进入学习，在之后的任务页、学习页是按照岗位任务提出一岗位要点学习、实训一学习、实训考核的思路来设置。此外，教材还补充了相关的学习参考资料，为学习者的提升和拓展提供支持。

本教材配有课件、视频、教案、拓展阅读等教学资源，可登录复旦学前云平台免费获取：www.fudanxueqian.com。

复旦学前云平台
数字化教学支持说明

为提高教学服务水平，促进课程立体化建设，复旦大学出版社学前教育分社建设了“复旦学前云平台”，为师生提供丰富的课程配套资源，可通过“电脑端”和“手机端”查看、获取。

【电脑端】

电脑端资源包括 PPT 课件、电子教案、习题答案、课程大纲、音频、视频等内容。可登录“复旦学前云平台”www.fudanxueqian.com 浏览、下载。

Step 1　登录网站“复旦学前云平台”www.fudanxueqian.com，点击右上角“登录/注册”，使用手机号注册。

Step 2　在“搜索”栏输入相关书名，找到该书，点击进入。

Step 3　点击【配套资源】中的“下载”（首次使用需输入教师信息），即可下载。音频、视频内容可通过搜索该书【视听包】在线浏览。

【手机端】

PPT 课件、音视频、阅读材料：用微信扫描书中二维码即可浏览。

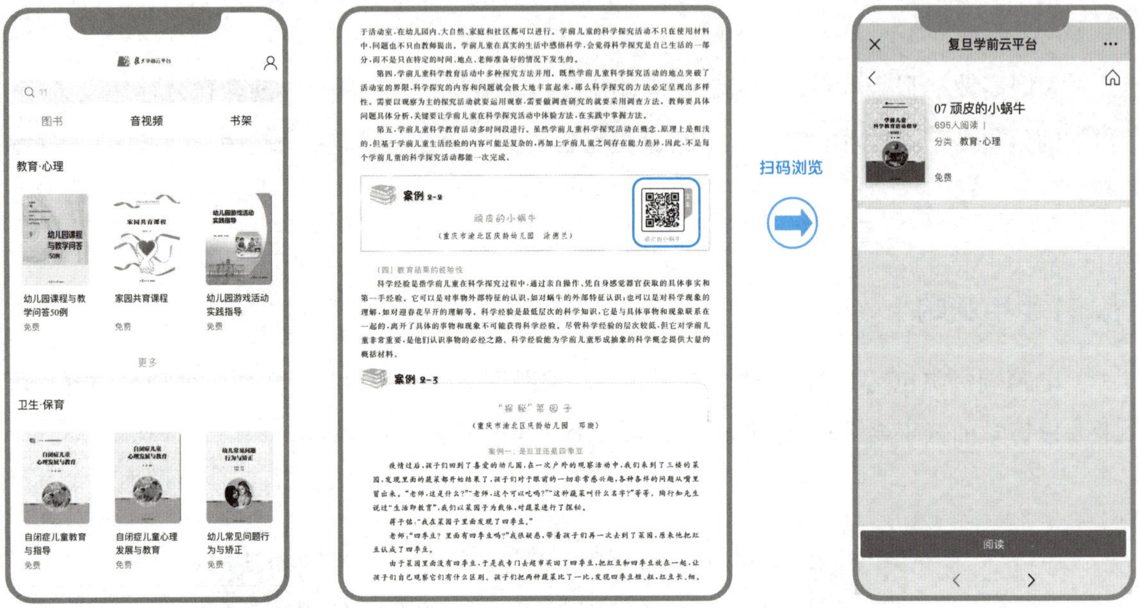

【更多相关资源】

更多资源，如专家文章、活动设计案例、绘本阅读、环境创设、图书信息等，可关注“幼师宝”微信公众号，搜索、查阅。

平台技术支持热线：029-68518879。

“幼师宝”微信公众号

前　言

当我们怀抱一个小小的温暖的身子，当我们牵起一只肉乎乎的软嫩的小手，一份信任就交到了我们手中。0～3岁的婴幼儿很柔弱，他们生存的质量完全由成人的照料决定。保教工作的责任是用心呵护婴幼儿的成长，既要保证婴幼儿拥有健康的身体，免受危险和疾病的威胁，又要最大程度地满足他们与生俱来的学习需要，让婴幼儿感受成长的乐趣和世界的美好。保教工作者应与家长、社会形成合力，共同促进婴幼儿体魄、智力、性格、习惯等方面的充分发展。

一、编写理念和适用对象

当下有部分关于婴幼儿保教的教材较偏重理论和知识的讲解，学习者能够知道保教工作该干什么，但这部分教材对实操的数量和质量难以控制，对于怎么做、怎样做才有效较为模糊。本教材编写的初衷是接轨市场对保教岗位的需求，目标指向婴幼儿保教工作的岗前培训与技能强化，提升岗前适应性。教材中精炼的知识点、丰富的真实案例和细化的实训步骤，让即将踏上保教岗位的学习者不仅能够习得保教基础知识，更能得到有效的保教技能训练，掌握保教岗位基本的技术、技能和技巧。

二、编写特色

1. 落实“实训”二字

本教材强调岗位技能的培养，细化学习过程和岗位工作流程，并设计相应的量化考核和评价标准，使学习者明晰各项任务的完成步骤，能分步骤地得以训练和提升。教材收集的案例均来自托育机构，为学习者再现了真实的保教情景，使学习者有真实的岗位体验感。对保教岗位上应掌握的基础知识，教材采取了精炼讲解，突出0～3岁的婴幼儿是什么样的，婴幼儿的需求是什么，我们该给予他们什么。

2. 注重思政要素的融入

3岁以下的婴幼儿，生活的方方面面都需要成人的照顾，他们能敏锐地捕捉到我们的态度，每一次触摸、每一个眼神、每一句话语都会因我们情感投入的不同而给予孩子不一样的感受。这些都要求保教工作者拥有更多的爱心、耐心，更强的责任心。本教材注重培养学习者良好的职业态度和职业道德，在知识讲解、案例分析、技能训练中融入幼儿观、职业观、品德观等思政元素，其中，对婴幼儿积极回应是贯穿整个教材的核心思政理念。

3. 校企合作共同编写教材

教材组织编写过程中，得到了昆明市部分优质托育园所的大力支持，这些托育园所有着丰富的保教经验和较强的理论运用能力，在他们的指导下，我们从众多保教知识点和技能要求当中，精选出保教岗位上必须要掌握的典型工作任务进行编撰，让教材的使用价值得以提升。尤其要感谢春生婴幼儿托育成长园，与我们共同探讨教材的定位，设计教材框架，选取学习任务，提供岗位案例，并且担任了教材部分章节的编写工作，他们在事业上的专注和孜孜不倦的追求，让我们受益匪浅。

三、编写体例

本教材分为三个项目：项目一指向岗前的知识技能准备，项目二指向岗位任务的实施，项目三指向岗位必须具备的素养。项目下又分解出若干任务，每一任务项均设有课前体系，包括学习情境、学习目标、学习准备等，明确了学习的目标和方向，引导学习者带着思考和问题进入学习，在之后的任务页、学习页，是按照岗位任务提出—岗位要点学习、实训—学习、实训考核的思路来设置。此外，教材还补充了相关的学习参考资料，为学习者的提升和拓展提供支持。

四、编写人员

教材编写人员分工如下：项目一及项目二的任务一由李宛霓老师负责编写；项目二的任务二、任务三、任务四由聂红仙老师负责编写；项目三的任务一由汪志翔老师负责编写；项目二的任务五，项目三的任务二、任务三由周苡老师编写；项目三的任务四由邓迎老师编写。

在此，感谢为本教材提供帮助和支持的所有人，特别感谢春生婴幼儿托育成长园为本教材提供图片、案例和内容上的专业指导。

教材中如有不妥之处，敬请广大师生不吝赐教，使教材不断完善！

目　录

项目一　职前准备

任务一　如何面对婴幼儿 002
一、认识乳儿班 004
二、认识托小班 006
三、认识托大班 010

任务二　如何塑造教师形象 014
一、职业素养 016
二、形象与着装要求 019
三、动作规范 019

项目二　岗位工作

任务一　如何做好保育工作 028
一、托育园保育工作内容及能力要求 030
二、托育园保育工作流程 033
三、常见问题处理 046

任务二　教育岗位工作——“写” 052
一、教育活动设计概述 054
二、婴幼儿教育活动设计工作内容及能力要求 055
三、撰写婴幼儿教育活动设计方案的写作要点 057

任务三　教育岗位工作——“说” 062
一、说课的缘起、发展和内涵 064
二、说课的环节 065
三、说课的要求及注意的问题 066

任务四 教育岗位工作——“授” 069
一、讲解技能 071
二、提问技能 071
三、演示技能 072
四、变化技能 073
五、组织技能 074

任务五 教育岗位工作——“思” 080
一、教育活动反思有哪些方式 082
二、教育活动反思应该写什么 082

项目三 岗位素养

任务一 如何开展回应性照护 088
一、回应性照护的内涵 090
二、回应性照护的实施 092
三、回应性照护存在的误区 095

任务二 如何观察婴幼儿 099
一、婴幼儿行为观察 101
二、婴幼儿行为记录 101

任务三 如何进行多元化评价 107
一、如何正确评价婴幼儿表现 109
二、如何进行教育活动评价 110

任务四 如何开展主题活动 116
一、主题活动的概念 118
二、主题活动的流程与组织 118
三、主题活动典型案例 121

项目一　职前准备

任务一　如何面对婴幼儿

任务二　如何塑造教师形象

任务一 如何面对婴幼儿

学习情境

早期教育专业、婴幼儿托育服务与管理专业培养的人才是婴幼儿发展引导员，婴幼儿保育员等，对应行业以托育园服务为主。为加强托育机构专业化、规范化建设，按照《国务院办公厅关于促进3岁以下婴幼儿照护服务发展的指导意见》(国办发〔2019〕15号)的要求，国家卫生健康委员会组织制定了《托育机构设置标准(试行)》和《托育机构管理规范(试行)》，其中要求按照不同月龄段的婴幼儿进行班级编排。

6～12个月婴幼儿：乳儿班(10人以下)；

12～24个月婴幼儿：托小班(15人以下)；

24～36个月婴幼儿：托大班(20人以下)。

各班级合理配备教师人员，与婴幼儿的比例应当不低于以下标准。

乳儿班：1∶3；

托小班：1∶5；

托大班：1∶7。

图1-1-1　托大班教学图例

学习目标

知识目标

1. 熟悉乳儿班、托小班、托大班各年龄段班级的基本情况及能力发展特点。
2. 掌握乳儿班、托小班、托大班各年龄段班级的日常工作要点。

能力目标

1. 能对不同年龄段的婴幼儿进行能力区分与简单判断。
2. 能够对乳儿班、托小班、托大班各年龄段班级的日常工作要点进行描述。

素质目标

1. 树立正确的教师观、育儿观，建立良好的职业道德，践行“立德树人”的要求。
2. 激发学生对职业的认同与理解。

学习导图

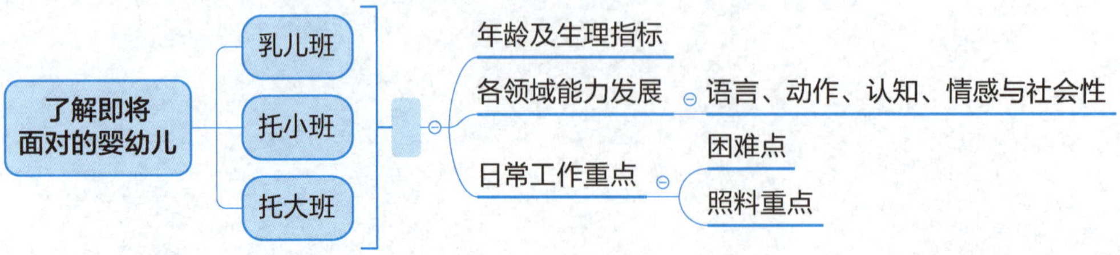

学习任务单

任务分析

表 1-1-1 任务清单

任务	任务清单	岗	课	赛	证
任务一	婴幼儿的特点及日常工作要点	√	√		
任务二	案例分析	√	√	√	
任务三	模拟设计，编写工作计划	√	√		

任务要求

1. 对不同月龄段婴幼儿的特点把握准确，能清晰描述工作重点。
2. 对相关案例，不仅能指出不足或错误之处，同时也能作出科学、合理的指导建议。
3. 根据不同年龄特点，有针对性地进行保教工作计划，突出工作重点。

任务成果

表 1-1-2 任务成果

任务	任务清单	成果建议
任务一	婴幼儿的特点及日常工作要点	思维导图
任务二	案例分析	完成工作手册中表格填写
任务三	模拟设计，编写工作计划	按照托育园工作计划台账要求，完成计划编写

任务达标

根据计划进行评分

表 1-1-3 任务评分

	6 分以下	6～7 分	8～9 分	10 分	自评分	组内互评
任务一						
任务二						
任务三						

一、认识乳儿班

拓展阅读

托育机构设置与相关工作岗位

图 1-1-2　乳儿班教学图例

(一) 年龄及生理特征

1. 年龄：6～12 个月

2. 生理特征（如表 1-1-4）

表 1-1-4　6～12 个月婴儿生理特征

月　龄	身高（单位：厘米）		体重（单位：公斤）	
	女孩	男孩	女孩	男孩
6 月	63.3～68.6	65.1～70.5	6.3～8.1	6.8～8.8
8 月	66.4～71.8	68.3～73.6	7.2～9.1	7.8～9.8
10 月	69.0～74.5	71.0～76.3	7.9～9.9	8.6～10.6
12 月	71.5～77.1	73.4～78.8	8.5～10.6	9.1～11.3

3. 年龄特征

6～7 个月

随着婴儿动作的发展，他们的视野越来越开阔，独坐能看到 360°的“世界”，喜欢到外面玩耍，看各种新奇的事物，喜欢模仿简单的动作，看见照顾者或熟悉的人会表现出开心。

8～10 个月

身体运动能力飞速发展中，坐、爬、站立切换自如，手膝爬行越来越灵活，认知能力发展迅速，开始观察细小事物，喜欢抠洞洞，知道一些简单的因果关系，比如开灯关灯。能听懂一些简单指令，模仿能力越来越强。

10～12 个月

婴儿开始尝试走路了，活动范围增大，喜欢开关抽屉，喜欢把物品随意“搬家”，有时还会做些小破坏，开始有自觉思维，会“察言观色”，听到严厉的“批评”，会委屈大哭。

(二) 各领域能力发展

6～7 个月

1. 动作能力发展

俯卧时能用四肢支撑身体，腹部离开地面。能手膝爬行，能自己坐起来、躺下去，独坐自如。扶物站立。能用拇指和其他手指捏住小物体，会把两块积木握在手中对击、传递，喜欢撕纸，喜欢把手指伸进小洞里。

2. 语言能力发展

能听懂成人简短的指示性语言，能清晰、重复发出 baba、mama 等音节。

3. 认知能力发展

有人叫自己的名字时会关注，有初步的模仿能力，开始用肢体语言交流，如：用手势表示再见、谢谢，用摇头表示不要。

4. 情感与社会性发展

对主要照料者依恋，喜爱让熟悉的人与其逗乐，对生人表现出警觉、退却、回避、拒绝。对大人的生气和高兴等不同的表情有感觉。当手中玩具被拿开时会发脾气。

8～10 个月

1. 动作能力发展

手膝灵活地向前爬行，尝试着扶物横走、坐下。能做出双手抛掷、倒出、放入等动作，双手熟练地配合玩。会熟练地用拇指和食指的指端捏住小物体。

2. 语言能力发展

能听懂部分成人的语言，开始用声音表示要求，逐渐形成某些语言和动作之间的关联，明白"可以"和"不"的意思。

3. 认知能力发展

知道周围熟悉的人及物的名称，会用眼睛注视所说的人或物；开始知道简单的因果关系，会寻找藏起来的东西，能指认五官和身体部位，喜欢熟悉的环境，会玩按钮类的玩具。

4. 情感与社会性发展

会做简单的动作模仿，能用动作与人交往。对成人表示肯定或否定的面部表情有不同的反应，受到批评时会哭，当手中的玩具被拿走时会表现出强烈的反抗。

10～12 个月

1. 动作能力发展

手膝爬行越来越快，独站稳，扶物可行走，独自行走几步。会从大罐子中取物、放物。喜欢扔东西，会将大圆圈套在木棍上。手指协调能力更好，能用食指独立地抠物体，能五个手指并用抓起积木入盒，双手配合剥糖纸。

2. 语言能力发展

能听懂与自己有关的日常生活指示语言。例如，问"门在哪里呢?"，会指或看向门；会主动模仿叫"爸爸""妈妈"等；会用动作表示同意或不同意。

3. 认知能力发展

会分辨甜、苦、咸等味道和香、臭等气味。喜欢看图画，能指认经常接触的物品或某些身体器官名称。关注比较细小的物品，喜欢摆弄、观察玩具及实物，能学习用工具帮助获取物品。

4. 情感与社会性发展

看到照料者会伸开手臂想要抱抱，对陌生人表现出害怕、拒绝等行为。喜欢重复地玩，会注视也会伸手去触摸同伴。会用动作等方式向成人索取感兴趣的东西，初步具有保护自己物品的意识。喜欢尝试，喜欢探索以及情感交流活动，当言行得到认可时会高兴地重复。能理解成人的肯定或否定态度，还能采取不同的方式表达愤怒、焦急、害怕等不同情绪。

（三）日常工作中的困难点和重点

1. 困难点

（1）安全。6～12 个月的婴儿正处于各项能力飞速发展的时期，特别是动作能力的发展，随着婴儿的成长，他们的活动空间变大，动作也变得特别敏捷。同时，婴儿对外界事物充满好奇，探索与求知欲非常强烈，当婴儿拿到一个物体时，往往会用看一看、尝一尝的方式来了解物体，在这个过程中需要老师的时刻关注。

另外，6～12 个月是坐、立、走能力的发展时期，每一个动作的习得都是在照养人的精心照护下完成的。在此过程中，也会有很多小意外或者小插曲，如跌倒、磕碰、坠床等等，所以照护者必须建立安全观念，给予帮助时也应有强烈的安全意识。

（2）分离焦虑。分离焦虑期表现为黏人，爱哭，看不到照养人就开始哭闹。这个时期的婴儿缺乏安全感，甚至在“躲猫猫”的游戏中，婴儿认为眼中看不到，被藏的物品或人也就消失了。随着年龄的增长，大约在 9 个月时，客体永久性的观念开始建立。这时，婴儿能找到完全隐藏的客体。例如，将玩具用毯子完全盖着，婴儿会揭开毯子找到它。表明这时的婴儿已经知道：即使物体看不到，它们依然是存在的。所以在日常照料工作中，我们既要了解婴儿的发展轨迹，还要适当结合婴儿当前的发育特点，配合适当的游戏活动来促进婴儿的健康成长。

拓展阅读

6～12 个月婴儿照料重点

（3）生活照料。这个时期是喂养过渡期，有的婴儿在进餐时不仅需要照料者的帮助，甚至可能会出现进餐慢、咀嚼慢、玩食物等现象，在此过程中，我们既要理解婴儿的成长规律，又要给予他们足够的锻炼机会。另外，在食物添加过程中，也有可能出现食物不耐受等问题，导致腹泻，需要频繁更换纸尿裤，所以在这个时期，照料人员要更加有耐心。

2. 照料重点

此部分可参照《托育机构保育指导大纲（试行）》。

二、认识托小班

图 1-1-3　托小班教学图例

（一）年龄及生理特征

1. 年龄：12～24 个月

2. 生理特征（如表 1-1-5）

表 1-1-5 12～24 个月婴儿生理特征

月 龄	身高(单位:厘米)		体重(单位:公斤)	
	女孩	男孩	女孩	男孩
12 月	71.5～77.1	73.4～78.8	8.5～10.6	9.1～11.3
15 月	74.8～80.7	76.6～82.3	9.1～11.3	9.8～12.0
18 月	77.9～84.0	79.4～85.4	9.7～12.0	10.3～12.7
21 月	80.6～87.0	81.9～88.4	10.2～12.6	10.8～13.3
24 月	83.3～89.8	84.3～91.0	10.6～13.2	11.2～14.0

3. 年龄特征

12～15 个月

逐渐能独自稳步前行，迈出人生第一步，婴幼儿也越来越能干，会翻书、会用勺自己舀吃的、会搭积木等等，手指越来越灵活，每天都有新技能的开启。语言也开始飞速发展，叠词掌握得最快，“爸爸”“妈妈”发音越来越清晰。

16～18 个月

走得越来越稳，开始学习跑。精细动作开始飞速发展，扭瓶盖、搭积木、捡豆子等游戏是宝宝的最爱。进入语言爆发期，开始学习生活中常见的物品名词。

19～21 个月

有初步的顺序概念，能感知事物发展的先后顺序。出现攻击性行为，在交往的过程中，用打、踢、咬等方式表达自己的不满。有独立需求，出现独立倾向，渴望自己做事。

22～24 个月

能扶着栏杆上下楼，喜欢独立用小勺吃东西，喜欢跟着音乐摆动身体，词汇量增加很快，开始能用“电报句”表达。

(二) 各领域能力发展

12～15 个月

1. 动作能力发展

能控制身体平衡，稳步行走，能自如地变换走、站、蹲、爬等姿势，自主地进行活动，会爬台阶。能双手配合完成吃饭、翻书、抱球、开门等动作。手指更加灵活，能垒高积木 2～3 块，拿捏小物、用勺吃饭等。

2. 语言能力发展

能听懂更多成人的语言，会用重复的音节词来喊叫周围熟悉的人，如“爷爷”“奶奶”。能单音重复，如“抱抱”“走走”。

3. 认知能力发展

能记住自己的名字，能指认身体部位和常见的物品，知道生活中人与物之间简单的因果关系，如下雨要打伞、出门要换鞋等。能将某些动物与其叫声相匹配。

4. 情感与社会性发展

喜欢亲子活动，知道自己名字，能正确地称呼家人。开始用动作主动与人交往，能听从简单的指令进行活动，高兴时会手舞足蹈。

16～18 个月

1. 动作能力发展

能很稳地独立行走，不用扶物能蹲下并复位，开始会跑，但是不稳，能扶着栏杆连续两步一级地走上楼梯。能举手过肩扔出球，会滚球，但无方向。能垒高 3～4 块积木，能用蜡笔涂鸦画直线，能用手将豆子放入小瓶中，会三指握笔、盖瓶盖。

2. 语言能力发展

基本能听懂大人的指令，对语言的理解能力超过语言的表达能力。会说自己的名字，熟悉的人名或者物品名称。会使用日常生活中常用的动词，常用有一定意思的单词、句来表达自己的需求，并伴有手势。会模仿常见动物的叫声，开始知道书的概念，喜欢模仿翻书页。

3. 认知能力发展

喜欢用嘴、手指探索各种东西，会长时间观察自己感兴趣的事物。能根据感知方面的突出特征对熟悉的物品进行简单的分类，能理解简单的因果关系。会模仿一些简单的动作或声音，开始自发地玩模仿性游戏。

4. 情感与社会性发展

情绪变化丰富，在很短的时间内可表现为兴奋、生气、悲伤等。喜欢单独玩或观看别人游戏活动，开始对同伴或者陌生人感兴趣，能共同玩一会儿。会依恋安全的东西，开始理解并遵从成人简单的行为准则和规范。

19～21 个月

1. 动作能力发展

能自如地进行爬、蹲、走、跑等动作变换，能不太稳地连续跑 3～5 米，能踢大球或随意投掷，能自己上下矮床。能平铺或垒高 3～4 块积木，开始尝试搭建简单的物体，能将小棍插进细孔里。

2. 语言能力发展

能用简单的词句表达自己的需求，开始用名字称呼自己，喜欢听故事，会背 1～2 首儿歌，会说一些由 3～5 个字组成的短句，能回答生活中的简单问题。

3. 认知能力发展

喜欢探索周围世界，能说出周围生活中常见物品的名称和用途，知道家庭成员的名字；能区分方形、三角形。

4. 情感与社会性发展

对照料者表达生气或高兴等情感；喜欢帮忙做事，会学着收拾玩具等；交际性增强，开始与其他同伴共同参与游戏活动，愿意同熟悉的人打招呼；不能很快地进入新的环境，害怕天黑；开始分清自己的物品，出现独立行为倾向，当自己的行为得到肯定和认可时会产生自豪的情绪，做错事时表现出羞愧。

22～24 个月

1. 动作能力发展

双脚跳离地面，能自如地向前走、向后走；能有方向地滚球；能平铺或垒高 5～6 块积木，开始尝试搭建简单的物体，会穿串珠；会随意地折纸。

2. 语言能力发展

能用简单的句子表达自己的要求和愿望；会有节奏地念简单的儿歌，能安静地听完一个简短的故事；

词汇量增加，开始会用“我”指代自己，能根据成人简单的描述找出相应的图片；能一页一页地翻书、安静地看书。

3. 认知能力发展

知道主要照料者以及小伙伴的名字，看图片、听故事时有短时间注意力；能记住生活中熟悉的内容；能区分三角形、方形、圆形。

4. 情感与社会性发展

开始表现出最早的复杂情感，如骄傲、羞耻、负罪感等；当照料者离开时会难过；开始出现独立行为倾向，交际性增强，开始与其他小朋友一起游戏，但自己的东西愿意给别人；模仿大人的动作，开始进行角色扮演的游戏，如给娃娃打针、喂药等。

（三）日常工作中的困难点和重点

1. 困难点

（1）安全。12～24个月的婴幼儿是从爬行到走再到跑的一个过渡时期，在动作习得的过程中，婴幼儿可能出现摔倒、磕碰等意外伤害，需要照护者的倍加关注与呵护。另外，婴幼儿认知事物往往是通过把物品放到嘴里尝一尝开始，所以也需要特别注意物品的摆放与收纳，特别是地上不要随意摆放危险的小物件。

（2）各类敏感期。了解并利用好婴幼儿生长发育中的各敏感期，有助于促进其很好地发展。

① 运动敏感期：大运动和精细动作发展的敏感期，喜欢“乱扔”“疯跑”“拆玩具”等。

② 细节敏感期：关注细节，例如喜欢注意各种缝隙、洞洞，喜欢用手抠，观察地上的小蚂蚁，喜欢把物品丢到小洞洞里等。

③ 秩序敏感期：开始关注秩序，如物品摆放的顺序、位置，按照固定的顺序做事，一旦有顺序颠倒，就开始哭闹，要求重来一遍。

（3）乱扔东西。这个时期的婴幼儿喜欢扔东西，一是因为他们能够感觉到物体和物体是分开的，是有距离的。物体之间的距离会让他们觉得是一件非常有趣的事情，于是他们就通过不停地扔东西来“见证奇迹”。二是因为婴幼儿能够有意识地控制自己的手，亲身体验自己的动作能影响其他事物，使其形态或位置发生变化，从而促进自我意识的发展。

（4）生活照料。

① 二便。这个时期婴幼儿的大小便气味会有所加重，每次的量也会随其进食量的增加而有所增加，如果不及时更换纸尿裤，可能就会出现“红屁股”。但这时的婴幼儿活泼好动，换尿布时可能出现不配合、调皮等情况，需要照料人员的耐心照护。

与此同时，要根据婴幼儿的情况进行“戒尿布”的准备。“戒尿布”开始前，教师应做好相应的准备，有意记录大小便规律，提前进行如厕训练的思想教育，包括读相关绘本、教幼儿擦屁股、使用马桶等等。在如厕训练的过程中，切忌操之过急，不要因为婴幼儿做不到而放弃，也不要因为偶尔遗忘而焦虑。要相信每一个婴幼儿都会完成这项学习，但每个婴幼儿的成长轨迹是不同的，照料者要给予孩子足够的耐心和适当的帮助。

② 进餐。在进餐过程中，有的婴幼儿会出现含饭、撒饭、玩食、进餐时间拒绝进食等现象，作为婴幼儿的照料人员，面对这些问题时要有耐心和包容心，逐渐引导婴幼儿掌握自主进餐的能力。

拓展阅读

12～24个月幼儿照料重点

2. 照料重点

此部分参照《托育机构保育指导大纲（试行）》

三、认识托大班

图 1-1-4　托大班教学图例

(一) 年龄及生理特征

1. 年龄:24～36 个月

2. 生理特征(如表 1-1-6)

表 1-1-6　24～36 个月婴儿生理特征

月　龄	身高(单位:厘米)		体重(单位:公斤)	
	女孩	男孩	女孩	男孩
24 月	83.3～89.8	84.3～91.0	10.6～13.2	11.2～14.0
30 月	87.9～94.7	88.9～95.8	11.7～14.7	12.1～15.3
36 月	90.2～98.1	91.1～98.7	12.6～16.1	13.0～16.4

3. 年龄特征

24～30 个月

乳牙出齐,可以品尝更多的美味食物。已经具备了人类的基本运动能力,动作更加协调,走、跑、钻、爬、双脚跳都已经掌握了。独立自主的意识越来越强,开始学着使用“我”,对周围事物特别感兴趣,喜欢问问题。心理发展出现“第一个叛逆期”。

31～36 个月

能自己刷牙、漱口,安静地自己看书、玩积木。会收拾玩具,喜欢模仿大人做家务。口语表达飞速发展,会说复杂的句子与提问。精细动作也越来越强,积木越垒越高,会玩拼插玩具。喜欢和小朋友交往,期待上幼儿园。

(二) 各领域能力发展

24～30 个月

1. 动作能力发展

能双脚交替走楼梯,能自如地后退、侧着走和奔跑;会迈过低矮的障碍物、手脚能基本协调地进行攀爬;能双脚离地跳,能单脚站立 1～2 秒;能有方向地滚球、扔球,会自如地骑三轮车。能叠高 7 块左右积木，会用积木搭桥、火车等简单的物体；能照着样子画出竖线和圆。

2. 语言能力发展

会用日常生活中一些常用的形容词，开始区分和使用“你”“我”；词汇量不断增加，能掌握约200个词汇，会说完整的短语和简单句；喜欢听故事，能独自看简单的图画书。

3. 认知能力发展

对周围事物或现象感兴趣，喜欢提问。能基于形状、大小、颜色等做简单的分类；感知并能重复一些简单的韵律和歌曲，能跟着唱歌，游戏时能用物体或自己的身体部位代表其他的物体；能感知和比较差异明显的“大、小”“多、少”“长、短”“上、下”。

4. 情感与社会性发展

开始有同情心，有简单的对错观念；喜欢参与同伴的活动，能和同伴一起玩简单的角色游戏，会相互模仿，有模糊的角色意识；开始能表达自己的情感，爱表现自己，受到挫折会发脾气。

31～36个月

1. 动作能力发展

运动协调能力日趋完善，能双脚交替自如地走楼梯，能走直线；单脚站立保持5～10秒，能双脚离地连续跳跃2～3次，跨越障碍；能手脚基本协调地攀爬，能将球扔出2～3米，能接住近距离抛来的球。能叠高8～10块积木，会用积木（积塑）搭（或插）成较形象的物体；掌握剪刀的使用方法，会折纸；能自己穿脱衣服，能用筷子夹大的食物。

2. 语言能力发展

语言表达更清楚，能回答简单的问题，能说出物体及其图片的名称，词汇量增加至1 000个左右，能说出5～6个词组成的句子；会使用一些礼貌用语，理解简单故事的主要情节。

3. 认知发展

能认识区别多种颜色和图形，尝试画代表一定意思的涂鸦画，能唱简单的歌；能点数1～10，知道数字代表数量，会区分大小、多少、长短、上下、里外、能给物体归类；知道家里主要成员的简单情况。

4. 情感与社会性发展

独立性进一步发展，能自己玩较长时间；自我调节能力加强，发脾气的时间减少，会用“开心”“生气”等词来表达自己和他人的情感；对成功表现出积极愉悦的情感，对失败表现出消极难过的情感，会表现出“骄傲”“羞愧”“嫉妒”等复杂的情绪；知道自己的性别及性别特点，能正确使用性别短语，开始出现玩属于自己性别的玩具和参加属于自己性别群体活动的倾向。能和同龄小伙伴分享玩具，能遵守游戏规则，知道等待、轮流但不够有耐心，能分辨简单的是非行为。

（三）日常工作中的困难点和重点

1. 困难点

① 第一个叛逆期。

这个时期，曾经可爱的宝宝秒变“熊孩子”，什么事情都会跟大人对着干。从婴幼儿心理发展的角度来说，这个时期是人生中的第一个叛逆期（反抗期）。这个阶段的幼儿已经不再是当初蹒跚学步的宝宝了，他们对话自如，语言流利，自我意识也在逐步地形成中。所以，这个时期的幼儿更倾向于自己来掌控事物的发展，一旦不如自己所愿，他就会用情绪来宣泄。另外，也会频繁说“不”“哼”等等，他们希望能有自主决定的机会。

案例1：

老师："宝宝，和小朋友们一起吃饭吧！"

宝宝："不！"

改成：

老师："宝宝开饭啦，我们比比谁先坐到座位上！"

案例2：

老师："宝宝别哭了，我们一起玩游戏吧！"

改成：

老师："宝宝哭了，老师知道你难过，老师抱抱，陪着你。"

老师："宝宝这么难受，把原因告诉老师，我们一起解决吧。"

② 规律作息。良好的作息习惯不是一天两天就能养成的，这需要长时间的培养与训练。睡眠可以缓解大脑的缺氧状态，疲劳得到有效缓解，有利于促进幼儿身体发育，提高学习效率。除了晚上休息，中午的午休也是必不可少的，有些幼儿不喜欢在托育园午睡或午睡时间不足、入睡困难等，都会影响到幼儿的生长发育。

拓展阅读

24～36个月幼儿照料重点

③ 锻炼独立性。在这个年龄段，有一些简单的事情可以放手尝试让幼儿自己做了，比如：自己独立进餐、帮助老师拿东西、进餐后收归餐具等一些简单的活，可以交代幼儿自己去做。刚开始，不要期待幼儿做得多好多完美，只要他们迈出第一步，能主动去做就可以了，主要目的是让幼儿有自我服务意识，从小培养幼儿自己动手的习惯，提高环境适应能力。

2. 照料重点

此部分参照《托育机构保育指导大纲（试行）》

给未来老师的工作建议

（一）正确认识0～3岁婴幼儿

认识0～3岁婴幼儿，熟悉并掌握0～3岁婴幼儿各月龄段的生长发育要点与发展特点，能和他们一起欢喜，能感受到他们的开心；他们哭闹、耍赖、生气、捣蛋时能理解他们的行为，理性面对，从容处理。

（二）能控制好自己的情绪

无论是面对婴幼儿的调皮，还是工作中的压力，或是生活的不如意，走进园所、面对婴幼儿时，所有的不开心都能努力控制好，把阳光、积极的一面展现在婴幼儿面前。

（三）职业认同

婴幼儿阶段是人生的奠基阶段，早教老师、托育老师则是一生中的启蒙老师，在婴幼儿的成长过程中起着重要的作用。不要太在意别人对你职业的看法，自己一定要坚信我们肩负着培育祖国未来栋梁的重任，我们要用专业的职业素养与能力在婴幼儿和家长面前展示出新时代早教老师的风采。

课后加油站

推荐文件资料

《托育机构管理规范(试行)》

《托育机构设置标准(试行)》

《托育机构保育指导大纲(试行)》

《托育机构设置标准(试行)》

推荐课后阅读

《爬上豆蔓看自己——辛黛瑞拉的教育日记》(高美霞著)

《孩子是脚,教育是鞋:芭学园里的学习故事》(李跃儿著)

《从新手到专家——幼儿教师专业成长研究》(顾荣芳等著)

思政园地

多学科研究成果和国际社会的诸多改革实践均表明:人从出生到1 000天,是个体身心发展的关键时期。科学优质的照护服务直接关系到婴幼儿在托育机构中能否获得身心健康发展,也关系着广大婴幼儿家庭对托育服务的获得感和满意感。

为健全"幼有所育、幼有所托"制度体系,加快推动托育服务建设取得新进展,2019年4月19日,国务院办公厅印发了《关于促进3岁以下婴幼儿照护服务发展的指导意见》,明确了照护服务发展的基本原则、发展目标、主要任务和保障措施,标志着我国托育服务规范体系建设进入落地实施和健康有序推进的新阶段。

住房和城乡建设部发布《托儿所、幼儿园建筑设计规范》,国家卫生健康委员会正式出台《托育机构设置标准(试行)》和《托育机构管理规范(试行)》,对托育机构建筑设计、场地设置、人员规模等提出了"硬件"标准与规范,机构登记和备案制度也在逐步推行。

为进一步指导托育机构为3岁以下婴幼儿提供科学、规范的照护服务,促进婴幼儿健康成长,2021年1月国家卫生健康委员会制定印发了《托育机构保育指导大纲(试行)》,强调指出托育机构保育是婴幼儿照护服务的重要组成部分,是生命全周期服务管理的重要内容。

任务总结

本任务以托育机构岗位班级为线索,了解各月龄段婴幼儿的生长发育特点与发展要点,日常工作重点与困难点。旨在帮助学习者建立对婴幼儿托育职前的全面认知,树立正确的育儿观及教师观,为后续知识和技能的学习打下扎实的基础。

任务拓展

1. 谈一谈你对婴幼儿早期教育的认识,面对家长,你该如何给他们进行介绍。
2. 一名优秀的早教老师需要具备哪些能力?

任务二 如何塑造教师形象

学习情境

托育教师是对0～3岁婴幼儿进行专业的生理、心理照护的实施者，他们要能够敏锐地观察婴幼儿需求，并给予适宜的互动和支持，还要从婴幼儿发展出发，进行系统的训练与引导。托育教师必须是集保育工作、教学工作、养护工作等各项职业素养于一身的综合性指导教师。

教师的工作首先是爱学生、尊重学生。早教教师或托育教师，面对的是最柔软的群体，怎样爱、怎样表达教师对孩子的爱，这是一件很有学问的事。

面对哭闹、发脾气、乱扔物品的婴幼儿时，作为教师会有无助的时候，此时应该如何调整好自己的状态？

第一印象也非常的重要，我们应该以什么样的外貌形象来迎接0～3岁的婴幼儿呢？

当你想用一个手势语来表达命令或想法时，这个手势该如何做？

学习目标

知识目标

1. 正确理解职业素养，明确职业素养的意义与内容。
2. 掌握早教（托育）教师形象与着装要求，理解教师动作对婴幼儿的重要性。

能力目标

1. 熟练掌握身姿语的动作要领，学会在实践中根据不同情境选择适宜的姿态。
2. 掌握体态语的表达方法，能通过肢体动作让婴幼儿获得信息、理解信息。

素质目标

1. 展示早教（托育）教师风采，为婴幼儿做好榜样示范作用。
2. 培养职前良好的职业素养与职业形象。

学习导图

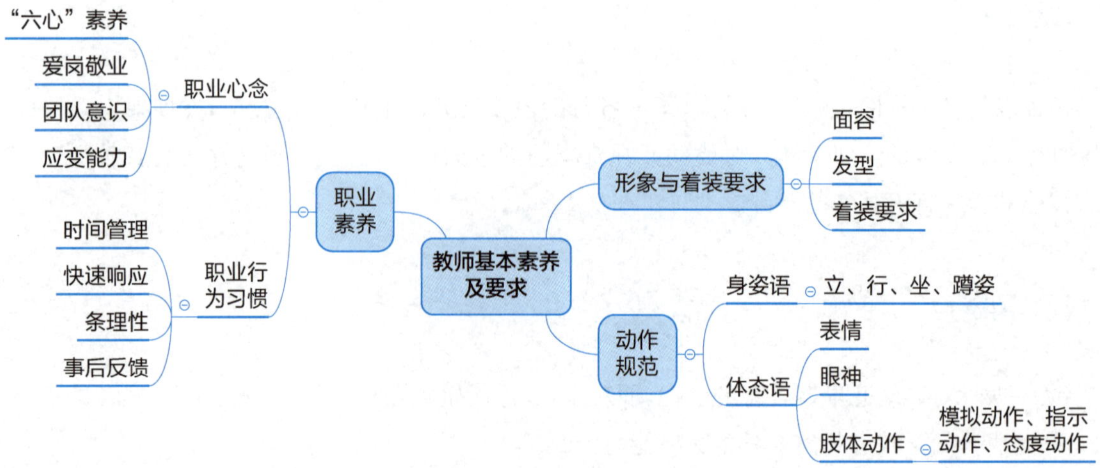

学习任务单

任务分析

表 1-2-1 任务清单

任 务	任务清单	岗	课	赛	证
任务一	“我是一名早教/托育教师”自我介绍	√	√	√	
任务二	工作证件照	√	√	√	
任务三	身姿语和体态语运用模拟视频	√	√		

任务要求

1. 围绕“我是一名早教/托育教师”，写一篇自我介绍，题目自拟，并能在自我介绍中自信、勇敢地表达自己。

2. 为自己设计一个工作形象，搭配合适的衣服、妆容，并给自己拍摄一张工作形象照，参加“最美工作照”评选活动。

3. 拍摄一个身姿语和体态语展示视频，尽可能把所学内容融入模拟教学中。

任务成果

表 1-2-2 任务成果

任 务	任务清单	成果建议
任务一	写一份自我介绍	演讲稿 600 字左右，表达积极、阳光、励志，演讲时长 3 分钟以内
任务二	工作证件照	5 寸照片，衣服、妆容与岗位适宜，背景可选择工作场景或白底
任务三	身姿语和体态语运用模拟视频	视频时长：2 分钟以内，将所要展示的内容进行情境运用设计

任务达标

表 1-2-3 任务评分

	6 分以下	6~7 分	8~9 分	10 分	自评分	组内互评
任务一						
任务二						
任务三						

一、职业素养

(一) 职业心念

“职业心念”是职业素养的核心。良好的职业心念包含由爱岗、敬业、奉献、积极、乐观、用心、开放、合作、始终如一等关键词,是成功职业人必备的核心职业素养。

针对 0～3 岁婴幼儿托育工作的特殊性,提出以下职业心念:

1. “六心”素养

(1) 对待工作要有责任心。责任是对早教工作的担当,当家长将心爱的宝贝交到教师手上时,教师就要对得起家长的这份信任,担起对婴幼儿生活照料、教育引导、帮助解决困难等的责任,呵护每一名婴幼儿健康快乐地成长。具有责任心,才会积极、认真、专注地对待保教工作,关注和反思工作中的优点与不足,不断提高工作的质量。

(2) 对孩子要有爱心。爱是教育者实施教育的思想感情的核心,是教师与婴幼儿连接感情的纽带和桥梁。婴幼儿会很敏感地接收到教师爱或不爱的“气场”,早教教师由衷地爱孩子,孩子会感到安全、温暖,从而平和、友好,身心能健康发展。如果教师没有爱心,很容易对幼教工作丧失热情,面对婴幼儿发出的需求信号漠不关心,对孩子的态度就有可能不耐烦,甚至粗暴、凶狠,这不仅会使教师失去孩子的信任,更重要的是还会伤害婴幼儿的心灵。

(3) 教育孩子要有童心。早教教师的工作对象是婴幼儿,婴幼儿的思维和行动有自身的特性,如果用成年人的思维方式和语言动作去教育婴幼儿,势必使婴幼儿难以理解和接受。在教育中不是要求婴幼儿像大人,而是要求自己像婴幼儿,用婴幼儿的视角去观察,用婴幼儿的思维方式去想问题,用婴幼儿的语言去表述,用婴幼儿的动作做示范。童心使教师感受到孩子的内在需求,所做的保教活动才更易被孩子接受。

(4) 观察孩子要细心。婴幼儿期的孩子很幼稚,对事物的认知度较低,表达能力较弱,对他们要特别细心。在日常教育和保育工作中,做到三个“细”:一是细心观察,从他们的表情、动作、行为中,了解他们的内心思想感情和身体状况;二是细心分析,从他们的反常现象中分析出原因,找出对策;三是细心教育和护理,特别是对一些特殊情况的孩子,要给予特殊的照顾。

(5) 引导孩子要耐心。教育绝不是一蹴而就的,不能急于求成,这是最本质的教育理念。每一个孩子都要经历漫长的成长历程,从出生到蹒跚学步,从牙牙学语到踏入校门,一路上或多或少会遇到困难和挫折。知识的传递需要循序渐进,习惯的养成需要日积月累,思维的提升需要循环往复,这就注定了教育所具有的持久性。对婴幼儿耐心引导,相信他们会给我们惊喜和感动。

(6) 服务家长要热心。婴幼儿成长的主要环境是家庭,主要的教育者仍然是家长,所以早期教育的对象不仅仅是婴幼儿,还有家长。对待家长要热心,要指导家长科学育儿,解决家长所遇到的问题,与家长共同促进婴幼儿生命优化发展。

早教教师的“六心”是在平凡、普通、细微甚至琐碎中体现。在早教岗位上,坚守一份责任心,向孩子付出爱心,保持一颗童心,给孩子多一点细心、多一点耐心,对待家长多一点热心,一定能成为孩子和家长爱戴的老师。

2. 爱岗敬业

爱岗敬业是爱岗与敬业的总称。爱岗和敬业,互为前提,相互支持,相辅相成。“爱岗”是“敬业”的基石,“敬业”是“爱岗”的升华。爱岗敬业是在工作中的职业态度,也是一种职业精神。只有爱岗敬业的人,才会在自己的工作岗位上勤勤恳恳,不断地钻研学习,一丝不苟,精益求精,才有可能为社会为国家做出崇高而伟大的奉献。

3. 团队意识

团队意识指整体配合意识，包括团队的目标、团队的角色、团队的关系、团队的运作过程四个方面。团队是拥有不同职责的人员组合，致力于共同的目的、共同的工作目标，通过团结协作的过程，达成目标。

团队意识是一种主动性的意识，将自己融入整个团队对问题进行思考，想团队之所需，从而最大限度地发挥自己的作用。而按部就班是被动的、消极的。前者可以促进团队的发展，而后者只是简单的拼凑。

在托育园中，一个班至少有三名教师，各司其职，需要教师间具有配合的默契，更要有团队的意识，提高工作效率。

案例

托大班教师 3 人，A 老师家中因有不到一岁的小孩，常以此为借口调班或不到岗。班上要搞活动、布置教室等大部分任务就落在了 B 老师和 C 老师的身上，B 老师由于长期不满 A 老师的行为，当 A 老师上班时间就经常找各种理由长时间离开本班教室，造成班上工作出现漏洞，家长为此对本班老师存有意见。

此案例说明本班老师在工作中缺乏责任心，在沟通、合作、彼此尊重、团队意识上非常薄弱。

4. 应变能力

应变能力，是指自然人或法人在外界事物发生改变时的反应，可能是本能的，也可能是经过慎重思考过程后所做出的决策。婴幼儿的天性就是好奇、好模仿，动作灵活，求知欲强，偶然事件或突发状况时有发生，这就要求教师需要具备快速的反应能力和较强的应变能力。

（二）职业行为习惯

良好的职业行为习惯有助于更好、更高效地完成工作任务，是职业必备的基本素养之一。

1. 时间管理

每个人的一天都是 24 小时，如何利用好每一天固定的时间，是我们必须要掌握的能力。所谓时间管理就是在固定的时间内，用一定的技巧、方法或工具等帮助我们按照计划去完成既定的工作内容，提高工作效率。

（1）守时。守时是做人最基本的信誉，也是最基本的职业行为习惯。无论上班、上学，还是赴约、聚会，都必须守时。

作为托育园老师，除了按时上班，我们还要做到按时给婴幼儿准备物品、安排盥洗活动、分发食物，等等。

（2）提高工作效率。提高工作效率可以借助一些方法来实现，例如提前做好工作计划或清单。另外想要提高工作效率还需要有专注性，专注时能更加用心、快速地完成一件事，也不会受到周围的影响。著名指挥家托斯凯宁尼说过，“我此刻正在做的事，就是我一生中最大的事，不管是在指挥交响乐团或剥橘子”。提高工作效率，拒绝拖延。

（3）合理利用碎片时间。托育工作的时间从早上八点开始到下午五点半结束，时间较长，长时间的工作会大大降低工作效率。老师们可以合理利用碎片时间，一是让自己放松休息，缓解疲劳；二是利用碎片时间归纳总结，反思经验；三是利用碎片时间不断学习，提升自己；四是利用碎片时间合理组织各项活动。

2. 快速响应

快速响应不仅是工作执行力的体现，也反映了对待工作的态度。当接到一个工作指令或看到一个工作信号时，应该敏锐地发现并且立即回应，作出判断，开始实施。

托育工作的特殊性要求教师在工作中专注、思维敏捷，动作迅速。当婴幼儿需要老师帮助时，教师应该快速响应，给予婴幼儿需要的回应。例如，在进餐环节中，因为婴幼儿精细动作尚未发育成熟，舀饭菜时容易洒落。当教师看到桌上或地上有食物掉落，应帮助婴幼儿及时清理。当发现婴幼儿尿布需要更换时，应该调整当前工作内容，及时给婴幼儿更换尿布。

3. 条理性

工作要有条理，逻辑、思路清晰，秩序井然。所谓条理性即在说话做事的过程中，将自己的思路转化为可操作的步骤，并一步一步地呈现和实施。养成做事具有条理性，在托育工作中有非常重要的意义。

第一，工作多而不乱。在托育工作中，可能出现同一时间多名婴幼儿需要教师帮助的情况，也有可能多名婴幼儿同时哭闹。作为教师，首先要理解这样的行为与状况是非常常见的，另外，乱中一定要稳住自己的情绪，思考在当前情况下自己的职责是什么，婴幼儿需要什么帮助。再有，判断最需要帮助或者最应该及时帮助的婴幼儿，厘清帮助的顺序尤为重要。

第二，提高工作效率，避免重复工作、浪费时间。做事有条理，按照一定的步骤与逻辑顺序完成，可以提高工作效率，避免重复工作，减少工作时间，这也是职业行为能力的基本要求。

第三，条理性收纳，规范空间。收纳，是一种循序渐进的思维和行为过程，我们通过对物品的整理，厘清内在需求和思维方式。在托育教室中，整齐的物品收纳，不仅可以让物品快速拿取，同时也能美化托育环境。教师每天重复多次地强化与刺激，为婴幼儿的物品收纳建立榜样作用。婴幼儿通过整理房间、收纳物品，也可以锻炼解决问题的能力，以及整体规划和判断的能力，在整理物品的过程中，需要对物品进行归类、舍弃等作出选择，实际是在培养婴幼儿的发现和判断能力，可以将婴幼儿引向既规范有序，又充满精彩的未来。

4. 事后反馈

事后反馈是教师的日常工作之一，在事情结束后，及时向上级、同事、家长反馈事情的经过与处理结果。

如果教师只是为了完成任务，下次很可能还是按照原先的方式执行，但如果经过反馈，就会知道自己哪里做得好，下次可以继续，哪里不足，需要改进，对自己是一次提升的机会。

对于家长，将婴幼儿发生的一些情况与活动表现进行及时的反馈，不仅可以让家长了解婴幼儿的成长，也利于家园共育。

案例

1 岁半的橙橙小朋友在托育园户外运球活动时因为玩得太开心，一不小心把一旁的然然小朋友撞倒了，主班老师看到后，立刻扶起然然，并检查伤情。发现然然膝盖有轻微破皮后，立即把他带到医务室进行外伤处理。在伤情处理完毕后，主班老师把事情的经过以及事后处置情况报告主管老师。鉴于伤情不太严重，离园时，老师把橙橙家长和然然家长都留下，单独说明了一下今天的事情经过与事后处理结果，并且也向家长表示抱歉，以后会努力做得更好。因为主班老师的态度诚恳，处置及时，双方家长都表示娃娃小，突发情况能理解，也没有任何责备老师的想法。

二、形象与着装要求

(一) 面容

1. 干净卫生

眼角、鼻孔、耳孔无分泌物、牙齿无食物残渣。

2. 不化妆

因为 0～3 岁婴幼儿是最柔软的群体,更多时间需要老师的爱抚与拥抱,和老师的亲密动作会很多,所以一般情况下在岗教师是不可以化妆的。但如果有大型活动等,教师也可以通过简单的妆容修饰提升外在形象与气质,提高自信心。

(二) 发型

发色以自然颜色为主,长过耳朵的头发需绑扎起来。除简单的发带和发饰外,要求没有过多饰物,一是防止婴幼儿过多关注,二是防止饰品脱落被婴幼儿误食,或者塞进耳朵、鼻子等造成伤害。

(三) 着装要求

1. 手部

手部无首饰(戒指、手镯等),不涂指甲油,不留长指甲。

2. 上衣

上衣要确保在蹲下来时不会露出后腰,袖子不短于大臂,不穿吊带背心。衣物质地要求柔软,以棉质为主,颜色以单色(五颜六色的衣装容易影响孩子的专注力)为主。

3. 裤子

裤子的裤腿长度不短于膝盖,材质有弹力便于肢体活动,颜色以单色为主,不穿裙子,不穿有破洞、纱网,或者不便于快速行动的裤子。

三、动作规范

(一) 身姿语

1. 立

立姿是所有姿态的基础,具体有以下五个要求。

(1) 头正:双目平视,下颚微收,面部肌肉放松,表情自然。

(2) 肩平:两肩平整,微微放松,稍向下沉,颈部向上拉伸。

(3) 臂垂:两臂自然下垂于身体两侧,中指贴拢裤缝,手指自然弯曲。

(4) 躯挺:挺胸,收腹,立腰,提臀。

(5) 腿并:两腿立直,膝盖、脚跟相靠,两脚尖张打开呈 V 字型。

立姿手位变化:

(1) 女教师前搭式。可将双手相叠,右手四指并拢搭在左手手指上,双手拇指交叉放于掌心,双手自然下垂放于腹部,如图 1-2-1。

(2) 男教师前搭式。右手握虚拳垂放于腹前,左手手掌轻搭于右手手背接近指关节处,左手掌缘在右手指根处,大拇指在外,轻贴四指,如图 1-2-2。

忌:手插裤兜、抖腿、抱着双臂在胸前、屈膝弓背等。

图 1-2-1　女教师立姿

图 1-2-2　男教师立姿

2. 跪立

教师在取、放矮柜中的教具时常采用跪立姿势，靠近柜子的腿屈膝 90 度，另一腿贴地，大小腿呈 90 度，身体体态保持自然。在短暂关注到婴幼儿时，我们也可采跪立姿势，停留片刻，即可起身，如图 1-2-3。

图 1-2-3　跪立

3. 行

行姿指的是在走路时的动态美感，端庄、优雅的行姿给人留下落落大方、稳重的印象。托育园教师的行姿应展现出阳光、自信、稳健、自然的精神面貌，为婴幼儿做好示范作用。行姿要领如下。

(1) 身体：头正、颈直、肩张、躯挺、立腰、收腹，避免摇晃。

(2) 手臂：手臂伸直，大臂带动小臂自然摆动，手指自然弯曲。

(3) 脚：步度适宜，一般女教师为自己的一个脚长，男教师为自己的一个半脚长。脚尖正对前方。防止“内八”或“外八”。女教师行走要走一条直线，男教师走两条直线，如图 1-2-4。

图 1-2-4 行姿

4. 坐

坐姿即坐立时的姿态，是托育园或早教机构常用的姿态。托育老师常用的坐姿如下。

(1) 盘坐。盘坐即双腿交叉，双脚贴于地面。双手进行操作时，身体躯干应保持直挺，说话时可把手放在膝盖上或自然垂下，如图 1-2-5。

图 1-2-5 盘坐

(2) 跪坐。跪坐即臀部放于脚踝，上身挺直，双手五指并拢放于膝上，身体端正。在早教课中，教师常用坐姿和婴幼儿进行互动。在跪坐时，教师目光应与婴幼儿持平，操作教具时，可根据需要微微转动身体，如图 1-2-6。

5. 蹲

蹲姿是婴幼儿教师在工作中常用的基本动作，与婴幼儿交流、互动、收拾玩具等都可使用蹲姿。下蹲时，在标准立姿基础上，将左脚或右脚向后撤半步，屈膝带动身体高度下降，继续保持挺胸立背，两手可采用前搭式手位放置在高腿面上，如图 1-2-7。

图 1-2-6 跪坐

图 1-2-7 蹲

(二) 体态语

教师技巧也表现在体态语的运用上,一个甜蜜的微笑、一个肯定的眼神、一个恰当的手势都可以让婴幼儿备感幸福,增加婴幼儿对教师的信任感,也更便于工作的开展。

1. 表情

表情语言是体态语言中最基本的一种,它是教师向婴幼儿施加心理影响并产生积极作用的手段之一,是向婴幼儿传达思想情感的桥梁。教师的面部表情应温和、亲切、平易近人,帮助婴幼儿缩短与老师之间的心理距离。

2. 眼神

眼睛是心灵的窗户。人是通过眼睛来反映心理、表达情感的。正视表示庄重、诚恳;斜视表示轻蔑;环视是与婴幼儿交流;仰视表示崇敬或傲慢;俯视表示关心或忧伤;凝视表示专注;虚视可以消除紧张心理。

在与婴幼儿交流相处过程中，目光应该保持面对婴幼儿，同时还应注意蹲下，尽量平视。

3. 肢体动作

(1) 模拟动作。从婴幼儿喜欢的某个动物角色的动作(如小兔子跳、老虎爪)到某个具体的动作模拟(如吃饭的动作、洗脸的动作)，教师可以借助这些动作，帮助婴幼儿学习，加深记忆，创设想象的空间，提升思维能力，如图 1-2-8。

(2) 指示动作。通过手和手指活动传递信息，用来引领、指示、示意。自然有效的指示动作，可以直观、快速地让婴幼儿明白。常用的指示动作有示意安静的动作、引领方向的动作、示范动作等，如图 1-2-9～图 1-2-11。

图 1-2-8　模拟动作

图 1-2-9　示意安静的动作

图 1-2-10　引领方向的动作

图 1-2-11　示范动作

(3) 态度动作。手势变化动作多,表达内容丰富,具有极强的表现力和吸引力。向上的手势多表示积极、肯定、张扬、振奋的意思,如竖起大拇指、握拳、鼓掌等,如图 1-2-12,图 1-2-13。向下的手势多表现憎恶、鄙视、压抑、否定等意义,如向下指点、摆手、搓手、摊手等。

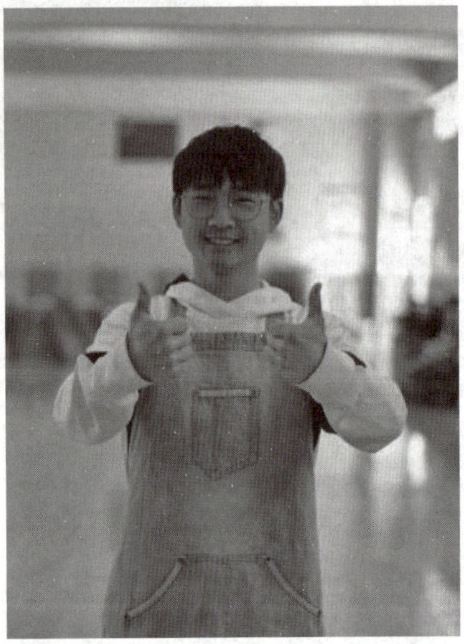

图 1-2-12 表示表扬的动作

图 1-2-13 表示喜欢的动作

附:教姿教态评分表

表 1-2-4 教姿教态评分表

序号	评价标准	得分
1	面部表情亲切、自然大方,恰当的微笑、容易使人亲近	15
2	目光敢于正视婴幼儿,不呆滞、不闪烁不停、不游移不定,能恰如其分地应用和变化目光的视角、长短、软硬	15
3	手势要简练、明确,不可拖泥带水;运用手势的多少要适当;手势的运用要自然,不可矫揉造作;手势要与说话、表情、形体姿态相协调	20
4	站立时,身要正,脚要稳,头平抬,挺胸收腹	15
5	走动的次数和速度适当,走动的姿势自然大方,徐步而行	15
6	外表修饰端庄、美观、协调、整洁,富有生气和个人风格	20
总评		

给未来老师的工作建议

低龄段的婴幼儿在还没具备语言的理解和表达能力时,非常需要我们老师的耐心、爱心、关心和责任心。不要以为他们还小,就"胡乱"应付。0~3 岁是一生成长的关键期,有了足够的"输入",才能得到有效的"输出"。虽然"输出"会稍缓一些,但老师们要对婴幼儿有耐心和信心,他们的潜力是无限的。

在婴幼儿还不能理解老师的语言时,还可以借助丰富的体态语和肢体动作,让抽象的内容更准确、快速地传递给婴幼儿。相信在这样用心的教导下,婴幼儿一定是活泼又可爱。

课后加油站

推荐视频资源

校园微电影:《教师礼仪》

推荐文件资料

《中华人民共和国教师法》

《教师资格条例》

《新时代教师职业行为十项准则》

推荐课后阅读

《幼儿教师必知的礼仪规范》(向多佳编著)

思政园地

新时代幼儿园教师职业行为十项准则

一、坚定政治方向。坚持以习近平新时代中国特色社会主义思想为指导,拥护中国共产党的领导,贯彻党的教育方针;不得在保教活动中及其他场合有损害党中央权威和违背党的路线方针政策的言行。

二、自觉爱国守法。忠于祖国,忠于人民,恪守宪法原则,遵守法律法规,依法履行教师职责;不得损害国家利益、社会公共利益,或违背社会公序良俗。

三、传播优秀文化。带头践行社会主义核心价值观,弘扬真善美,传递正能量;不得通过保教活动、论坛、讲座、信息网络及其他渠道发表、转发错误观点,或编造散布虚假信息、不良信息。

四、潜心培幼育人。落实立德树人根本任务,爱岗敬业,细致耐心;不得在工作期间玩忽职守、消极怠工,或空岗、未经批准找人替班,不得利用职务之便兼职兼薪。

五、加强安全防范。增强安全意识,加强安全教育,保护幼儿安全,防范事故风险;不得在保教活动中遇突发事件、面临危险时,不顾幼儿安危,擅离职守,自行逃离。

六、关心爱护幼儿。呵护幼儿健康,保障快乐成长;不得体罚和变相体罚幼儿,不得歧视、侮辱幼儿,严禁猥亵、虐待、伤害幼儿。

七、遵循幼教规律。循序渐进,寓教于乐;不得采用学校教育方式提前教授小学内容,不得组织有碍幼儿身心健康的活动。

八、秉持公平诚信。坚持原则,处事公道,光明磊落,为人正直;不得在入园招生、绩效考核、岗位聘用、职称评聘、评优评奖等工作中徇私舞弊、弄虚作假。

九、坚守廉洁自律。严于律己,清廉从教;不得索要、收受幼儿家长财物或参加由家长付费的宴请、旅游、娱乐休闲等活动,不得推销幼儿读物、社会保险或利用家长资源谋取私利。

十、规范保教行为。尊重幼儿权益,抵制不良风气;不得组织幼儿参加以营利为目的的表演、竞赛等活动,或泄露幼儿与家长的信息。

任务总结

本任务围绕托育机构教师职业素养、形象要求及动作规范开展学习,树立正确的职业理想,建立良好的职业道德，践行“立德树人”的要求，提升职业形象，努力做好教师榜样，为顺利开展岗位工作做好准备。

任务拓展

如何看待托育园中工作管理懒散、流程不规范的现象？

项目二　岗 位 工 作

任务一　如何做好保育工作

任务二　教育岗位工作——“写”

任务三　教育岗位工作——“说”

任务四　教育岗位工作——“授”

任务五　教育岗位工作——“思”

任务一 如何做好保育工作

学习情境

图 2－1－1　托育园教室

婴幼儿保育工作是指照护者为 0～3 岁婴幼儿的生存、发展创设有利的环境，提供相应的物质条件，给予婴幼儿精心的照顾、科学的养育、安全的保护，为婴幼儿提供良好的睡眠、卫生、起居等生活护理，帮助其身体和机能良好地发育，促进其身心健康成长。

在托育园中，老师们不仅要明确其内容与要求，更应在职前掌握各项目对应的流程与标准，让婴幼儿的日常照料活动在标准化的作业程序中有序开展。具体包括：做好保育工作前的准备，保证保育活动质量，注重培养婴幼儿良好的生活习惯。

学习目标

知识目标

1. 理解婴幼儿保育工作开展应遵循的原则。
2. 掌握婴幼儿保育工作的组织与实施的步骤和要点。
3. 掌握婴幼儿意外伤害的预防与处理的要点。

能力目标

1. 按照婴幼儿保育工作的开展目标与要求进行婴幼儿一日生活的活动组织与实施。
2. 有婴幼儿意外伤害预防的意识和意外伤害出现后正确处理的能力。

素质目标

1. 树立正确的教师职业观、科学的育儿观。
2. 树立托育托幼和幼儿照护的职业理想。
3. 强化终身学习，不断提升职业技能的专业要求。

学习导图

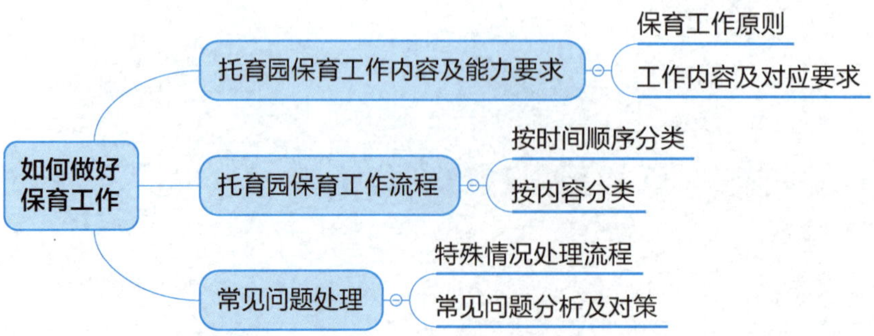

学习任务单

任务分析

表 2-1-1　任务清单

任　务	任 务 清 单	岗	课	赛	证
任务一	制作一日保育工作清单	√	√		
任务二	对某一工作任务进行讲解与模拟	√	√	√	
任务三	岗位情景模拟分析	√	√	√	

任务要求

1. 根据所学内容,制作托育园一日保育工作清单,要求有时间点,内容详细、工作具体。
2. 从所有保育工作的内容中选取一项进行详细讲解,并按流程进行模拟实操。
3. 观看岗位情景模拟视频,对视频中教师的工作行为进行点评。

任务成果

表 2-1-2　任务成果

任　务	任 务 清 单	成 果 建 议
任务一	制作一日保育工作清单	采用 8K 纸进行绘制
任务二	对某一工作任务进行讲解与模拟	配合 PPT 讲解,实训室模拟视频拍摄
任务三	岗位情景模拟分析	文字描述

任务达标

表 2-1-3　任务评分

	6 分以下	6～7 分	8～9 分	10 分	自评分	组内互评
任务一						
任务二						
任务三						

一、托育园保育工作内容及能力要求

“保”指保护，“育”指养育、培育。0～3 岁婴幼儿保育即成人（家长或保教从业人员）为 0～3 岁婴幼儿提供有利于生存与发展的环境和物质条件，给予婴幼儿精心的照顾和养育，以保护和促进婴幼儿身体正常发育，机能良好发展。

托育机构保育工作应当遵循婴幼儿发展的年龄特点与个体差异，通过多途径促进婴幼儿身体和心理发展。在托育机构一日活动中，保育重点内容应当包括：托育环境创设、生活照护、保健护理、安全照护、合作共育五个部分。

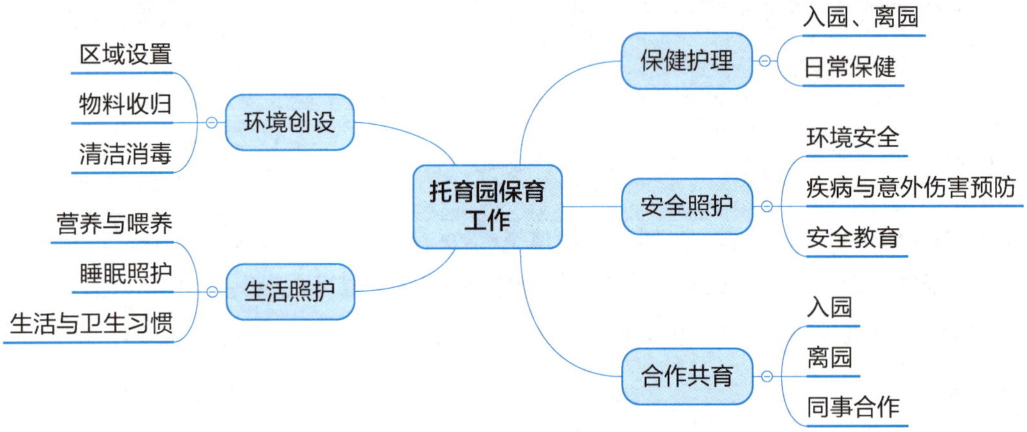

拓展阅读

“保育工作”有话说

（一）托育园保育工作原则

1. 尊重婴幼儿

要坚持以婴幼儿为先，保障婴幼儿生存、发展、受保护和参与的权利，平等看待每一个独立、具有自身特点的婴幼儿，允许并尊重他们的不同。

尊重婴幼儿的生长发育特点，顺应其发展规律，重视情感关怀，满足婴幼儿成长的需求、自我表达的意愿，把握各成长阶段的发展要点和保育与教育重点，关注个体差异，关注经验获得的过程与方式，促使他们积极主动、愉快发展。

2. 安全健康

婴幼儿正处于身心发展的最初阶段和关键时期，安全健康成长是现阶段的重要内容。另外，此阶段的婴幼儿自身抵御危险的能力非常低，意外事故是造成婴幼儿死亡的最大杀手。树立“安全第一”的理念是每一位婴幼儿教师的责任，托育机构要将安全和健康作为保育工作的重要前提和底线，要“最大限度地保护婴幼儿的安全和健康，切实做好托育机构的安全防护、营养膳食、疾病防控等工作”①。

3. 积极回应

教师应保持愉快地与婴幼儿互动，在日常的照料中要细心、耐心、敏感地观察婴幼儿的哭闹、语言、表情和动作，理解其生理和心理需求，并通过肌肤接触、眼神、微笑、语言等形式及时给予积极且适宜的回应，提供满足婴幼儿生理和心理需求的积极照护。

4. 科学规范

托育机构要树立科学的保育观，严格按照国家和地方有关托育园安全和要求的标准或规范，不断提高保育工作的科学性和规范性，合理安排婴幼儿的托育园一日活动，满足婴幼儿生长发育的需要，确保婴幼儿在托育机构各环节中健康成长。

---

① 《托育机构保育指导大纲（试行）》，国家卫生健康委 2021 年 1 月 12 日印发。

(二) 托育园保育工作内容及对应要求

1. 环境创设(如表 2-1-4)

表 2-1-4 环境创设工作内容与技能要求

工作模块	工作内容	技能要求
环境创设	区域设置	为婴幼儿创设合理的、能促进婴幼儿发展的日常照料和游戏活动空间
		对活动室进行空间规划
	物料收归	摆放、收纳日常照料和游戏活动所需的材料
		维护保养日常所需的设备与材料
	清洁消毒	调节室内照明、温度并保持良好通风
		按程序对婴幼儿活动场所及各类设施设备、用品、材料等进行预防性清洁消毒并做好记录

2. 生活照护(如表 2-1-5)

表 2-1-5 生活照护工作内容与技能要求

工作模块	工作内容	技能要求	
生活照护	营养与喂养	为婴幼儿提供轻松、愉悦的进餐环境	
		熟练掌握餐前、餐中、餐后的操作流程、注意事项,分工明确	
		控制进餐时间和进度,加强进餐看护,避免发生意外伤害	
		记录婴幼儿进餐情况,并有针对性地进行进餐指导	
		乳儿班	识别婴幼儿的饥饿、饱足信号,及时、恰当回应,灵活安排
			进行奶粉冲调及喂养
			为婴幼儿提供大小、质地适宜的辅食
			为婴幼儿提供自己进食的机会,培养进餐兴趣
			为婴幼儿选择适宜的饮水方式,合理安排饮水时间
		托小班	引导婴幼儿尝试和接受多种食物
			引导婴幼儿进餐并逐步做到独立自主进餐
			指导婴幼儿使用水杯喝水
		托大班	引导培养婴幼儿良好的饮食习惯
			鼓励婴幼儿参与协助分餐、摆放、收纳餐具等活动
			合理安排饮水时间,安全饮水
	睡眠照护	为婴幼儿营造安全良好的睡眠环境	
		合理安排婴幼儿睡眠时间,规律作息	
		做好睡眠巡视和看护,注意观察婴幼儿睡眠时的面色、呼吸、睡姿,避免发生伤害	
		识别并应对婴幼儿常见的睡眠问题	
		对婴幼儿睡眠情况进行记录与评估,提出睡眠质量提升策略	
		乳儿班	逐渐培养婴幼儿独自入睡
			睡眠过程中,随时观察情况,帮助婴幼儿调整睡姿、盖被子等
		托小班	开展固定睡前活动,帮助婴幼儿建立规律睡眠模式

续 表

<table>
<tr><th>工作模块</th><th>工作内容</th><th colspan="2">技 能 要 求</th></tr>
<tr><td rowspan="25"></td><td rowspan="5"></td><td rowspan="2"></td><td>培养婴幼儿独自入睡习惯</td></tr>
<tr><td>逐渐引导婴幼儿自己穿脱鞋袜</td></tr>
<tr><td rowspan="3">托大班</td><td>引导婴幼儿独立就寝</td></tr>
<tr><td>引导婴幼儿自主穿脱衣物、鞋袜</td></tr>
<tr><td>引导婴幼儿进行力所能及的晾被、叠被、整理铺床等</td></tr>
<tr><td rowspan="20">生活与卫生习惯</td><td colspan="2">在生活照护中逐渐培养婴幼儿良好习惯，做好回应性照护</td></tr>
<tr><td colspan="2">引导婴幼儿逐步形成规则意识</td></tr>
<tr><td colspan="2">采用正确的方式抱婴幼儿，并照料婴幼儿出行、上下楼等</td></tr>
<tr><td colspan="2">发现婴幼儿大小便异常，并正确应对</td></tr>
<tr><td colspan="2">注意培养婴幼儿良好的口腔卫生习惯，预防龋齿</td></tr>
<tr><td colspan="2">应对婴幼儿盥洗、如厕中的问题</td></tr>
<tr><td colspan="2">观察、记录生活卫生习惯，有针对性地开展活动指导</td></tr>
<tr><td rowspan="4">乳儿班</td><td>识别婴幼儿需求信号，及时作出回应，照护过程中能交流互动</td></tr>
<tr><td>为婴幼儿选择和更换适宜的衣物、鞋袜等</td></tr>
<tr><td>为婴幼儿更换纸尿裤</td></tr>
<tr><td>为婴幼儿洗手、洗脸、刷牙等</td></tr>
<tr><td rowspan="5">托小班</td><td>鼓励婴幼儿及时表达大小便需求，形成排便规律，逐渐学会自己坐便盆</td></tr>
<tr><td>协助和引导婴幼儿自己洗手、穿脱衣服等</td></tr>
<tr><td>为婴幼儿更换尿布，及时提醒幼儿安全如厕</td></tr>
<tr><td>引导和帮助婴幼儿学会咳嗽和打喷嚏的方法</td></tr>
<tr><td>帮助婴幼儿饭后刷牙，培养刷牙习惯</td></tr>
<tr><td rowspan="4">托大班</td><td>培养婴幼儿自主如厕，便后冲厕所、洗手、擦手</td></tr>
<tr><td>引导婴幼儿餐后刷牙，正确洗手，认识自己的毛巾并擦手</td></tr>
<tr><td>引导婴幼儿物品使用后能进行收归整理</td></tr>
<tr><td>引导婴幼儿穿脱衣服、鞋袜等</td></tr>
</table>

3. 保健护理（如表 2-1-6）

表 2-1-6　保健护理工作内容与技能要求

工作模块	工作内容	技能要求
保健护理	入园、离园	能进行晨、午、晚体温监测和全日健康观察与记录
	日常护理	对婴幼儿常见病进行早期识别
		识别疑似传染病例，并及时报告
		开展“三浴”锻炼
		记录婴幼儿健康状况，对行为异常的婴幼儿进行重点观察

4. 安全照护(如表 2-1-7)

表 2-1-7 安全照护工作内容与技能要求

工作模块	工作内容	技 能 要 求
安全照护	环境安全	及时发现一日生活中的潜在风险
	疾病与意外伤害预防	预防磕碰伤、挤压伤、跌倒伤、异物伤、钝器伤、锐器伤等常见外伤,熟悉外伤处理流程
		预防烧烫伤、触电、窒息、溺水、异物入体等意外伤害,掌握对应急救方法
		在发生婴幼儿伤害时及时按规定进行记录
		对发生严重伤害、等待救援的婴幼儿予以适宜照料
	安全教育	对婴幼儿进行安全教育,能配合开展安全演习活动

5. 合作共育(如表 2-1-8)

表 2-1-8 合作共育工作内容与技能要求

工作模块	工作内容	技 能 要 求
合作共育	入园	迎接婴幼儿,协助家长做好晨检及健康情况登记
		向家长询问家中饮食、睡眠等情况并做好物品、照护对接
	离园	离园前准备活动:婴幼儿衣服整理、书包整理
		向家长描述婴幼儿在园的基本情况及表现
		针对婴幼儿的问题提供家园共育的宣传信息及指导建议
		记录整理婴幼儿在园情况及日常保育相关资料
	同事合作	与同班教师分工合作完成一日活动
		向同事介绍婴幼儿的基本表现,做好交接工作

拓展阅读

托育从业人员职业行为准则(试行)

二、托育园保育工作流程

(一) 按时间顺序分类(如表 2-1-9、表 2-1-10、表 2-1-11)

表 2-1-9 托育园时间分配表

年龄	进餐		户外活动时间(小时)	睡眠		
	进餐次数	正餐间隔时间(小时)		日间次数	日间时间(小时/次)	总睡眠时间(小时)
乳儿班	3~5 次乳类 1~3 次辅食	3~4	≥1	2~3	1~2	12~16
托小班	3 次正餐+2 次点心	3.5~4	≥2	1~2	1.5~2.5	11~14
托大班	3 次正餐+2 次点心	3.5~4	≥2	1	2~2.5	11~14

表 2-1-10　托育园托大班一日活动时间安排举例

时间	内容	时间	内容
7:30～8:00	入园、晨检、早操(晨间律动)	11:50～12:05	餐后活动
8:00～8:30	早餐	12:05～14:35	午睡
8:30～8:50	生活活动	14:35～15:00	生活活动+下午点心
8:50～9:20	教学活动	15:00～15:40	游戏活动(户外)
9:20～9:45	生活活动+加餐	15:40～16:00	生活活动
9:45～10:45	户外活动	16:00～16:30	晚餐
10:45～11:05	生活活动	16:30～17:00	离园前准备
11:05～11:30	餐前活动	17:00～17:30	离园
11:30～11:50	午餐		

表 2-1-11　一日活动主要环节工作要点

内容	工作要点
入园	1. 创设温暖、愉快的情绪氛围,与同事合理分工,明确职责 2. 教室内做好各项准备工作,确保环境安全整洁、空气流通 3. 热情迎接婴幼儿和家长,了解婴幼儿身体状况,观察精神和身体有无异常,如有异常,及时和家长沟通
晨检	1. 帮助或协助婴幼儿完成入园流程,如:晨检、换鞋、手部清洁与消毒;将晨检卡放入本班卡槽内 2. 检查婴幼儿书包内日常所需物品是否齐全,若发现危险物品(直径小于 2 cm 的物品、尖锐的玩具、容易诱发窒息的物品等),教师代为保管,并将书包放入书包柜 3. 统计未出勤婴幼儿情况,及时与其家长取得联系,了解原因
早操(晨间活动)	1. 引导已入园的婴幼儿进行晨间活动 2. 根据当日天气情况确定活动场地 3. 根据月龄、能力发展安排合适的活动,例如:乳儿班以地板活动为主,在音乐声中自由活动,托小班和托大班可模仿老师开展律动等 4. 加强关注月龄较小、刚入园的婴幼儿活动情况,若有不适或不愿意,教师及时回应
进餐	1. 教师清洁双手,佩戴口罩、防尘帽,根据本班级婴幼儿情况进行分餐 2. 餐前为婴幼儿穿上罩衣或围嘴 3. 关注婴幼儿进食量,培养进餐兴趣,协助不能独自进餐的婴幼儿进食 4. 进餐过程中,时刻保持地面干爽,及时清理水渍,避免发生安全事故,桌面食物残渣及时清除 5. 注意观察婴幼儿所发出的饥饿或饱足的信号,并及时、恰当回应 6. 若已在家中吃过早餐或喝过乳品的婴幼儿,不强迫进食
生活活动	**饮水:** 1. 保证饮水机有温热适宜、数量足够的饮用水 2. 保证饮水量:1～3 岁每公斤体重需 100～140 毫升 3. 除组织婴幼儿集体喝水外,其他时间随渴随喝。托大班每次 150～200 毫升,托小班每次 80～100 毫升,乳儿班每次约 30～40 毫升,要求口杯对号有序拿放 4. 根据气候、婴幼儿个体情况调整一日饮水量,一般每日至少安排 4 次固定饮水时间(上下午各 2 次),户外活动、气温较高、发热时可适当增加单次饮水量或增加饮水次数 **盥洗:** 1. 确保婴幼儿盥洗用品专人专用,卫生用品提前做好准备 2. 生活活动照护过程中,注重与婴幼儿互动交流,加强指导工作,避免包办

续 表

内容	工作要点
	3. 注意观察婴儿盥洗和如厕后衣物干湿情况(特别是袖口、裤子),必要时应更换 4. 乳儿班应由教师帮助完成,托小班可根据情况在老师的协助下完成,托大班由教师引导(指导)完成 5. 托小班、托大班排队轮流完成,等待过程中,避免消极等待,做好等待期间的活动规划,视碎片时间为早期教育发展的机会 6. 注意观察、记录婴幼儿大小便情况,发现异常及时通知保健医生,并与家长沟通,必要时及时送医 7. 随时保持地面清洁、干爽,预防安全事故发生,定期对盥洗间、卫生间进行清洁与消毒
户外活动	1. 根据活动内容,提前做好活动场地准备,确保活动材料满足婴幼儿需求,保证场地安全适宜 2. 外出前根据天气情况帮助婴幼儿增减衣物,使用吸汗巾、戴上帽子 3. 根据运动场地空间合理设置锻炼与活动内容 4. 外出后合理分工,明确站位与工作要点,保证婴幼儿在视线范围内活动,不出现视觉和照护盲区,做好婴幼儿运动中的观察,避免运动伤害 5. 注意观察婴儿活动情况,引导、鼓励、协助个别有困难的婴幼儿 6. 关注婴幼儿面色、出汗、心跳等情况,及时调整活动内容和强度 7. 发现有精神状况不良、烦躁不安、剧烈咳嗽、打喷嚏、突然呕吐等情况的婴幼儿,要加强观察,及时告知保健医,并联系家长,必要时及时送医 8. 活动过程中,根据情况增加饮水环节,补充水分 9. 活动后整理、收归器材,清点人数,有序组织饮水、擦汗、更衣等自我服务活动,减少等待时间
午睡(睡眠)	1. 每天清洁消毒床铺,保证婴幼儿一人一床一被,营造安静、舒适、安全、卫生的睡眠环境 2. 能识别婴幼儿困倦信号,通过睡前安静活动,帮助婴幼儿独自入睡,安抚入睡困难的婴幼儿,减少抱睡、摇睡等过度安抚;尊重、理解婴幼儿因焦虑、身体不适等需要抱睡、摇睡等安抚形式的哄睡行为 3. 帮助婴幼儿采用仰卧位或侧卧位,脸和头不被遮盖 4. 观察婴幼儿睡眠状态,定时巡视、照护婴儿睡眠,注意观察婴幼儿睡眠时的呼吸、睡姿、有无携带异物,避免发生伤害 5. 睡眠前后检查婴幼儿身体健康状况,发现异常情况及时处理和记录 6. 婴幼儿起床后,帮助婴幼儿穿衣、整理、更换尿布
离园	1. 帮助婴幼儿整理仪容仪表,把吸汗巾、罩衣等日常用物装入书包 2. 引导家长还未到的婴幼儿进行自主游戏,避免长时间消极等待 3. 引导婴幼儿与教师、其他婴幼儿道别,与家长打招呼问好 4. 确认家长身份后方可允许家长接走婴幼儿,及时与家长交流婴幼儿当日情况 5. 全面做好班级清洁、消毒工作,最后再次巡视班级环境,确认无异常后离开

(二)按内容分类

1. 环境创设

(1) 区域设置。托育园活动室区域规划应考虑到安全性、适用性,根据园区具体情况进行规划。物品收纳区:储物柜(书包、日常教具)等。日常活动区包括:①教学区:白板、浸润式主题环境、区角等;②盥洗区:清洗池、卫生间、毛巾架等;③饮水区:饮水机、水杯架等;④用餐区:分餐台、餐桌椅等;⑤存床区:床具等;⑥活动区:游戏操作台、玩具柜、绘本架、游戏区等。

(2) 清洁消毒。

活动室卫生:无积灰、无污垢、定期打扫、擦玻璃、纱窗物品摆放整齐等。

盥洗室卫生:包括洗漱间、厕所地面清洁干燥,及时清理污物。每次婴幼儿如厕后用含氯消毒液对马桶垫圈、座圈进行清洁消毒,每天擦洗或冲洗便池,无尿垢、无臭味、无垃圾堆放。

开窗通风:每半天开窗通风 1 次,每次 10～15 分钟。

卫生消毒工作:包括配置消毒液、日常消毒、毛巾水杯消毒、玩具消毒、图书消毒、厕所便器消毒、清洁用具消毒、地面消毒、被褥消毒、传染病消毒等。

消毒方法：擦拭、浸泡、冲洗、日晒、蒸汽消毒、紫外线消毒等。

配置消毒液：准备水盆或水桶及量杯；根据比例或要求配置；搅拌均匀。

消毒方法包括物理消毒法和化学消毒法，具体做法如下。

● 物理消毒法

① 日晒法。利用紫外线进行消毒灭菌，针对流感、百日咳、流脑、麻疹等病原体，在阳光下暴晒 3～6 小时可将其杀死。

② 煮沸法。煮沸法是最简便有效的方法。将需要消毒的物品全部浸入水中，消毒时间的长短按消毒物品及目的的不同来灵活掌握，一般水开后煮沸 15～20 分钟。取出后晾干，防止污染。采用煮沸法消毒的物品应该是耐热、耐潮湿的物品，如毛巾、金属器具和餐具等。

③ 紫外线辐射消毒法。可直接照射物品的表面进行消毒，也可用于空气消毒。在无人的情况下，每次利用紫外线灯对病原体污染的房间进行消毒，照射 2 小时后需要开窗通风。

④ 蒸汽消毒法。蒸汽消毒法是一种经济、可靠、快速、安全的灭菌方法，可用于各种耐热物品的消毒。将耐热物品放入蒸汽消毒柜，蒸 40 分钟后方能起到灭菌的效果。

● 化学消毒法

化学消毒法是利用一些安全的消毒剂进行消毒。常用的消毒剂有：来苏水、漂白粉、过氧乙酸、84 消毒液、含氯消毒剂（消毒片）等。

拓展阅读

消毒水配制方法

84 消毒液：配制比例为 1∶500 或 1∶200（传染病流行期），即 1 份消毒液兑水 500 ml 或 200 ml。兑水配制时水温要低于 30℃，另外，浓度在 1∶200 时要戴薄手套操作，以免损伤皮肤。入口的东西尽量不用化学消毒剂进行消毒，如餐具、茶杯。消毒水配比因消毒片、剂的含量高低不同，故不按照一份消毒剂为配比单位，应按照有效氯为单位配比，传染病后消毒为有效氯 500 mg/L，预防性消毒为有效氯 250 mg/L。

附：各类物品消毒方法（如表 2－1－12）

表 2－1－12 各类物品消毒方法

消毒对象	消毒剂（工具）	消毒时间	消毒方法
餐具	消毒柜	1 次/餐	清洗餐具后放入专用消毒柜，消毒时间 30 分钟
水杯	消毒柜	2 次/日	清洗餐具后放入专用消毒柜，消毒时间 30 分钟
毛巾	沸水煮、暴晒、消毒柜	1 次/日	清洗干净后，放入沸水中高温消毒 15 分钟，然后在阳光下暴晒，也可在紫外线消毒柜内，消毒 15 分钟
教室、寝室、活动室	含氯消毒液、紫外线灯、通风	1 次/日	清洁地板后，使用 1∶200 配比的含氯消毒液擦洗地面，离园时关闭门窗后，使用紫外线灯照射 120 分钟，注意每日通风 30 分钟以上
卫生间	含氯消毒液	1 次/日	擦拭干净后使用 1∶50 配比的含氯消毒液擦拭
床架、玩具架、门窗等	含氯消毒液或 75%酒精	1 次/日	擦拭干净后使用 1∶200 配比的含氯消毒液擦拭，或使用 75%酒精擦拭
桌、椅、地面、分餐台	含氯消毒液	3 次/日	用餐后，按照洗洁精、清水、消毒液（1∶250）、清水顺序进行清洁与消毒

续表

消毒对象	消毒剂(工具)	消毒时间	消毒方法
塑料玩具	含氯消毒液	1次/周	清洗干净后使用1∶200配比的84消毒液浸泡3～5分钟，液体应高于物体面
毛绒玩具	阳光暴晒 含氯消毒液	1次/月	一般采用在阳光下暴晒4小时左右，但有传染源时可采用清洗干净并使用1∶200配比的84消毒液浸泡3～5分钟后再晾晒
图书	阳光暴晒	4～6小时/次(1周1次)	摊开晾晒
病儿呕吐物及剩余食物	含氯消毒液	及时	用含氯消毒液按1∶5～1∶10倾倒在毛巾上，将毛巾盖住污染物15～30分钟后，拾取污染物后再次进行清洁消毒

2. 晨检

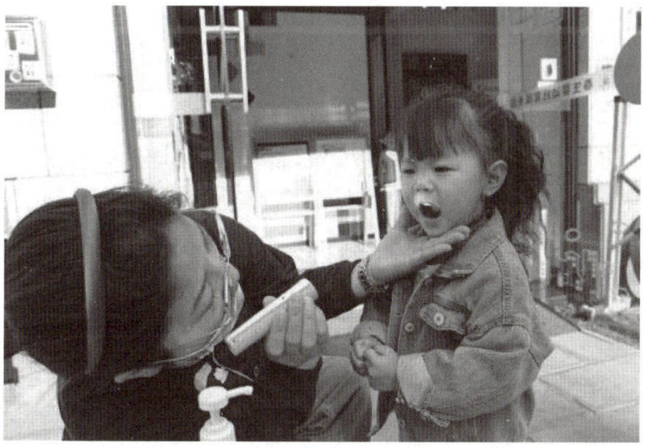

图2-1-2 检查喉咙

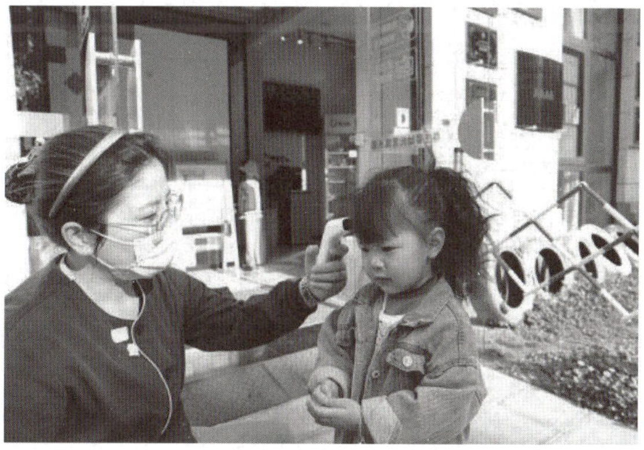

图2-1-3 测量体温

晨检流程包括一测、二看、三问、四查、五发、六消。

(1) 一测：测量婴幼儿体温，体温高于37.5℃为发热，建议家长带婴幼儿就诊。注意事项如下：

① 注意不能漏检或遗忘，所有入园婴幼儿都应该配合完成。

② 如遇情绪波动较大的婴幼儿，不应强迫，可待其情绪平稳后再进行，以免影响测温的准确性。

③ 测量温度应做好登记，同时告知家长。

(2) 二看：看婴幼儿的面色和精神是否异常，有无流涕、结膜充血的症状，皮肤有无皮疹，咽部是否红肿，体表有无伤痕。注意事项如下：

① 教师应配合保健医生、协助家长共同完成。

② 看喉咙时教师可采用趣味性的语言和方式，引导婴幼儿张开口腔。

③ 刚入园的婴幼儿对教师还较为陌生，可由家长抱着完成。

④ 检查婴幼儿皮肤裸露处是否有外伤、瘀青、红肿、蚊虫叮咬、过敏等情况，发现异常应及时与婴幼儿家长确认。

⑤ 检查婴幼儿指甲长短情况，过长的及时提醒婴幼儿家长修剪，降低安全事故的发生概率。

(3) 三问：询问家长婴幼儿相关情况并记录。注意事项如下：

① 入园前饮食、睡眠、大小便情况，早上入园前食用过什么种类的食物及具体食量(奶量、辅食等)。

② 判断婴幼儿有无身体不适等异常状况。

③ 所有情况应一一详细记录。

(4) 四查：检查婴幼儿书包每日所需用物是否带齐，检查有无携带不安全的物品。注意事项如下：

① 检查日常所需用物，如奶瓶、罩衣、吸汗巾、尿布等。

② 检查是否携带安全隐患的物品、玩具入园，危险物品（直径小于 2 cm 的物品、尖锐的玩具、容易诱发窒息的物品）交予婴幼儿家长，不得带入园中。

③ 婴幼儿带入园中的个人用品应在当日离园时带走，教师应仔细检查是否收纳于婴幼儿书包内，避免错拿、漏拿。

(5) 五发：晨检合格的婴幼儿发放健康情况卡入班备查。注意事项如下：

① 身体健康无异常的婴幼儿发放绿色晨检卡；身体健康状况有异常情况但尚不需要服药的婴幼儿发放橙色晨检卡，教师应注意此婴幼儿是否需要增加饮水量，加强观察，若有不适，及时联系家长。

② 进入班级前引导或帮助婴幼儿将晨检卡插放于班级门前贴有对应照片的卡槽内，便于教师及时了解婴幼儿健康情况。

③ 教师工作结束离园前收齐本班晨检卡并归还到保健医处。

(6) 六消：晨检合格后，用免洗消毒液消毒双手后方可进入园区。注意事项如下：

① 手消毒前，注意将衣袖过长的婴幼儿手袖卷起，避免弄湿婴幼儿衣物。

② 将免洗消毒液挤适当剂量均匀涂抹双手，引导婴幼儿手心手背来回搓洗，操作不到位或能力不足的婴幼儿应手把手协助其认真完成手消工作。

③ 有抵触情绪不配合的婴幼儿，可让家长代替教师帮助完成。

④ 引导婴幼儿与家长说再见。

拓展阅读

如厕训练小技巧

3. 如厕

图 2-1-4 托小班尿布更换

图 2-1-5 托大班排队等待如厕

表 2-1-13 如厕环节分工与流程

工作内容	如厕前	如厕中	如厕后
教师 1（或 1 和 2）：盥洗室	1. 检查厕纸是否充足 2. 检查便器是否安全、干净、完好 3. 检查地面干湿情况	1. 全面观察，及时用语言提醒并提供帮助 2. 帮助或协助脱裤子 3. 帮助或个别指导用厕纸的方法（一次拿一张，从前往后擦，用完扔进垃圾桶）	1. 观察婴幼儿大小便情况，是否有异常 2. 提醒或帮助婴幼儿冲厕所 3. 协助或帮助婴幼儿提裤子、塞衣服 4. 鼓励婴幼儿自己提起裤子，并用语言指导提裤子的方法 5. 引导、协助或帮助婴幼儿洗手

续 表

工作内容	如厕前	如厕中	如厕后
教师2(或3):走廊或教室	1. 引导婴幼儿分组进入盥洗室 2. 提醒容易尿湿的婴幼儿及时如厕	1. 根据盥洗室内人数,适时引导婴幼儿进入盥洗室 2. 引导等待的婴幼儿观看盥洗图示	1. 观察、帮助(冬季)婴幼儿束裤子,用游戏化的方式引导婴幼儿自己整理衣服,避免着凉 2. 引导婴幼儿不在走廊逗留,洗好手后进入下一环节
保教重点	1. 可以进行如厕流程、步骤复习 2. 学习排队等待等	1. 可进行盥洗图示学习、复习流程等 2. 排队等待中的婴幼儿可以进行律动游戏等,避免消极等待	1. 教婴幼儿如何整理着装 2. 教婴幼儿洗手方式
语言提示	小朋友,要知道,及时如厕很重要。进出厕所守规则,看清标记不滑倒。 安全卫生记心里,争做文明好宝宝。		

4. 洗手

图 2-1-6 卷袖子

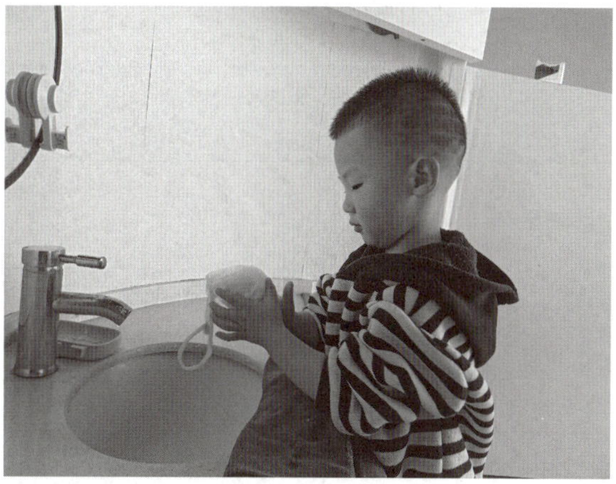

图 2-1-7 取肥皂沫

图 2-1-8 搓洗

图 2-1-9 擦手

表 2-1-14　洗手环节分工与流程

工作内容	洗手前	洗手中	洗手后
教师 1(或 1 和 2):盥洗室	1. 检查水龙头是否完好,检查洗手池是否干净,准备大小适中的肥皂(或洗手液) 2. 测试水温,30～40℃适宜 3. 为年龄较小的婴幼儿准备踩脚凳 4. 检查擦手毛巾是否准备完毕	1. 通过语言的预告和动作的示范引导婴幼儿站到脚踩凳上 2. 教师协助婴幼儿卷起袖子(注意卷袖子时动作轻柔不拉拽婴幼儿手腕,避免造成手腕脱臼) 3. 打开龙头,双手位置低于小臂、指尖略低,采用七步洗手法(手心、手背、指缝、指尖、大拇指、指甲、手腕)洗净双手,注意出水量和水温 4. 通过语言讲解和动作示范引导婴幼儿取泡沫洗手液于手心 5. 引导或协助婴幼儿搓洗双手,直至搓出泡沫,确保手心、手背、手指缝都已清洁 6. 用清水将婴幼儿手部的泡沫冲洗干净,并关好水龙头	1. 从毛巾架上取下婴幼儿自己专用的毛巾,在教师的协助下将手擦干,放回毛巾,放下袖子 2. 用刮板等器具将台面上的积水及时清理干净,避免积水弄湿婴幼儿衣物
教师 2(或 3):走廊或教室	1. 根据洗手设备数量分组进行,注意安排合理数量婴幼儿,其他婴幼儿可以先在旁边组织其他活动等待 2. 洗手前可利用绘本或趣味性的活动让婴幼儿理解“为什么要洗手”“你的小手干净吗”以及“什么时候要洗手”,养成勤洗手,爱洗手、讲卫生的好习惯 3. 关注已经洗完手的婴幼儿,洗完后返回指定地方(座位,或者某活动区域),组织好活动,避免消极等待		
保教重点	1. 培养洗手好习惯,学会排队、等待、洗手流程、洗手方法 2. 看其他幼儿洗手、同伴学习 3. 等待活动 4. 节约用水,不浪费水、不玩水		
语言提示	自来水,清又清,洗洗小手讲卫生。饭前便后要洗手,细菌不会跟着走。 排排队,撸撸袖,我们排队洗小手!		

5. 进餐

图 2-1-10　分餐

图 2-1-11　等待进餐

图 2-1-12　婴幼儿自主进餐

图 2-1-13　餐后物品收纳

表 2-1-15 进餐环节分工与流程

<table>
<tr><th>工作内容</th><th>进餐前</th><th>进餐中</th><th>进餐后</th></tr>
<tr><td>教师 1(或 1 和 2)</td><td>1. 教师穿上配餐服、戴上配餐帽、口罩、手套,洗干净双手
2. 餐前 15 分钟做好桌面消毒工作
3. 核对婴幼儿对本餐饮食有无过敏,并作出处理
4. 取餐具,每桌一到两个餐盘装食物垃圾
5. 将端回的饭菜放到固定分餐台,并妥善看护,避免发生烫伤,注意夏季散热,冬季保温,保证幼儿食物温度适中
6. 根据每一位婴幼儿进餐情况进行分餐,食材大小根据具体情况再次用辅食剪进行二次处理</td><td rowspan="2">1. 教师巡回指导,纠正婴幼儿不良用餐习惯。身体靠近桌子,两脚放平,左手扶碗,右手拿匙一口咽下去再吃一口
2. 关注生病、有食物过敏史、体弱、肥胖孩子进餐,适当调整食物搭配
3. 为需要的婴幼儿添加饭菜,同时照顾进餐慢或身体不适的婴幼儿
4. 用正向的策略鼓励婴幼儿不挑食、不撒饭、不剩饭,在教师帮助下能吃完自己的饭菜
5. 指导婴幼儿学习使用小勺进餐
6. 引导婴幼儿养成细嚼慢咽、专心进餐、安静进餐等良好进餐习惯
7. 食用含有骨头等有危险的食物时,教师要关注到每个婴幼儿,以防意外</td><td>1. 引导婴幼儿用餐结束后收整桌椅、将餐具放到指定地方的习惯
2. 收餐具,整理,送到厨房
3. 乳儿班若有自带的餐具,由教师清洁后放入其书包内带回,由婴幼儿家长进行消毒
4. 桌面、椅面、地面清洁与消毒</td></tr>
<tr><td>教师 2(或 3)</td><td>1. 组织婴幼儿入座,并有序组织等待进餐的活动(乳儿班根据情况选择餐椅,托小班和托大班座位调整应考虑婴幼儿进餐情况)
2. 为婴幼儿穿戴罩衣或口水巾
3. 用形象有趣的语言,向婴幼儿介绍饭菜营养,激发婴幼儿进餐欲望</td><td>1. 引导婴幼儿养成餐后利用清洁用品(纸巾、湿巾等)清洁手、口
2. 在教师的帮助或引导下将罩衣脱下整理好后收纳到贴有婴幼儿姓名的书包柜中
3. 组织餐后漱口,含温水清洁口腔
4. 教师组织婴幼儿餐后活动(午餐后散步、晚餐后阅读等)</td></tr>
<tr><td>保教重点</td><td colspan="3">1. 安静愉快进餐,逐渐做到自己吃饭
2. 了解各类食物的营养知识,知道均衡膳食对身体有益,爱吃各种食物,不挑食,不偏食
3. 初步养成良好的进餐习惯,做到细嚼慢咽,不大声说话,不掉饭菜,保持桌面、地面干净
4. 逐步做到餐后自己整理餐具,收拾食物残渣,做到餐后擦嘴,洗手及漱口</td></tr>
<tr><td>语言提示</td><td colspan="3">我的小手真能干,自己来喂自己饭。吃青菜,剥鸡蛋,身体健康多可爱。
小朋友,准备好,吃饭时间就来到,一口饭,一口菜,细细咀嚼慢慢咽。
嘴里有饭不说笑,追逐打闹更不要,饭后擦擦手和嘴,收拾碗筷习惯好。</td></tr>
<tr><td>注意事项</td><td colspan="3">照护者不得用自己的餐具喂食婴幼儿
照护者不喂食婴幼儿照护者或婴幼儿自带的食物
冲调奶粉和喂奶时勿用手抓奶嘴
引导婴幼儿不相互共享餐具
婴幼儿带来分享的食物须征得对方家长同意后方可分享
课程中若涉及食物品尝活动的,请给予适当的餐具,不要让婴幼儿直接用手取食
教师也不可用手直接拿取食物</td></tr>
</table>

6. 饮水

图 2-1-14　水杯架

图 2-1-15　托大班幼儿饮水

表 2-1-16　饮水环节分工与流程

工作内容	饮水前	饮水中	饮水后
教师 1(或 1 和 2)：	1. 准备好温度适宜的饮用水，清楚每一个婴幼儿的水杯位置 2. 乳儿班自己带的杯子应入园后从书包中取出放入水杯架 3. 掌握每位婴幼儿饮水情况，例如乳儿班中，某位婴儿需要用什么杯子喝水等 4. 乳儿班、托小班教师应给婴幼儿接好水后发水杯，托大班可以尝试让幼儿自己取杯子后坐在座位上等老师倒水 5. 准备一块干毛巾，遇到水洒的情况，应立即擦干	1. 观察婴幼儿喝水情况，帮助不能独立完成的婴幼儿 2. 如果婴幼儿喝完后还需要，及时为婴幼儿添加 3. 及时处理桌上、地上洒出的水 4. 发现有衣物被弄湿的情况，应尽快为婴幼儿更换衣物	1. 引导、协助有能力的婴幼儿收水杯 2. 清洁水杯后并消毒 3. 将水杯放回水杯架 4. 保持饮水区域干燥，水杯架整洁、干净
教师 2(或 3)	1. 组织婴幼儿在指定座位上坐好等待，座椅选择根据婴幼儿成长情况确定 2. 佩戴口水巾或罩衣 3. 讲解喝水的好处等，开展相关保教活动，养成喝水好习惯 4. 指导婴幼儿遵守饮水规则，如有序、安静、卫生、安全、节约水等	1. 提醒婴幼儿喝水时的注意事项，不打闹、不推搡 2. 教师示范，强调要点：抬起口杯时注意保持平衡，保持地面干燥 3. 乳儿班可先由老师帮助完成，逐渐从奶瓶、鸭嘴杯、吸管杯逐渐过渡到敞口杯，逐步培养自己喝水的能力 4. 提醒注意安全，避免洒水	1. 组织喝完水的婴幼儿将水杯放回指定地方 2. 组织喝完水的婴幼儿开展相应的活动
保教重点	1. 培养爱喝水的好习惯 2. 建立饮水规则，人人遵守 3. 逐渐学会用水杯独立喝水		
语言提示	小朋友们，我们一起来喝水！一口一口慢慢喝！ 双手握住小水杯，抬起靠近小嘴巴，咕咚咕咚喝水啦！ 多喝水，少生病，我们一起来喝水！		

续 表

工作内容	饮水前	饮水中	饮水后
观察重点	能力：是否需要帮助，是否需要更换杯子等 饮水量：做好记录，是否符合标准要求 安全：是否洒水，及时处理等		

课外延伸

饮水习惯培养小方法

儿歌活动：收集一些旋律优美、朗朗上口的饮水儿歌，以在喝水环节播放音乐、朗诵儿歌的方式，让婴幼儿觉得喝水很有趣，从而建立饮水习惯。

喝 水 歌

小杯子，手中拿，水儿清清接满啦。

多喝水，不生病，小手端平水不洒。

游戏活动：

游戏活动 1：快乐饮水吧

在班级创设一个"快乐饮水吧"区角，放置仿真玩具，例如：饮水机、水壶、水杯等物品，让婴幼儿在模拟游戏中体验喝水的快乐。

游戏活动 2：绿植成长大比拼

在教室内种植两排绿植，一排每天请小朋友浇水，一排不浇水，对比试验看一看，哪排绿植长的好，通过科学试验与观察，让幼儿知道喝水的原因。

故事活动：通过生动有趣的故事，讲出水对生长的重要性，让婴幼儿知道自己离不开水，喝水少会生病等，使婴幼儿从小养成爱喝水的好习惯。（如图 2-1-16）

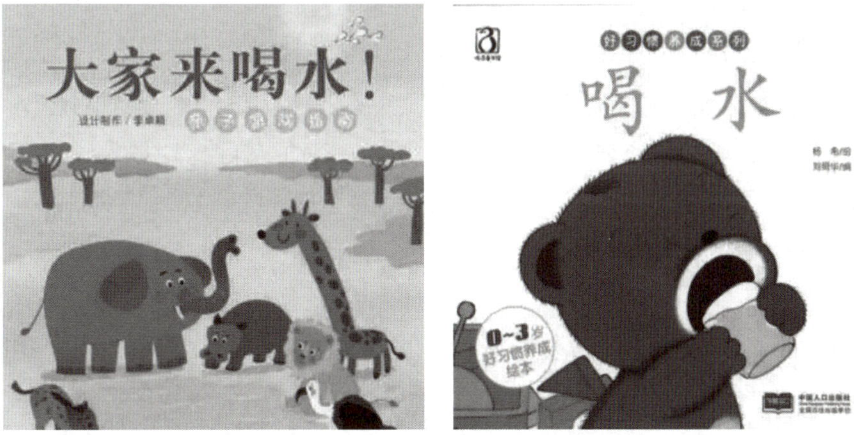

图 2-1-16 关于饮水的绘本

榜样作用

教师做好榜样作用，也可以反过来请水喝得好的小朋友示范，激发大家学习愿望。到了喝水环节，老师也可以加入一些适当的环节，例如，老师假装声音低沉地说："老师讲了那么多话，嗓子有点不舒服了，咳、咳、咳……赶紧喝杯水，润润嗓子，小朋友们一起陪老师喝水吧！""喝完水，老师的声音回来了！真好！小朋友们以后要记得提醒老师喝水哦！"

7. 午睡

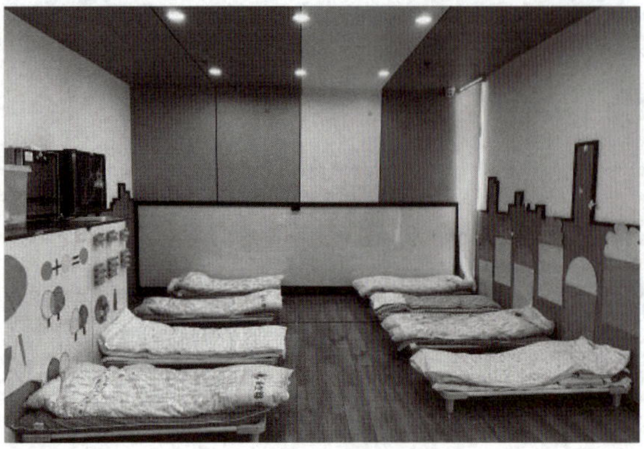

图 2-1-17　午睡前准备

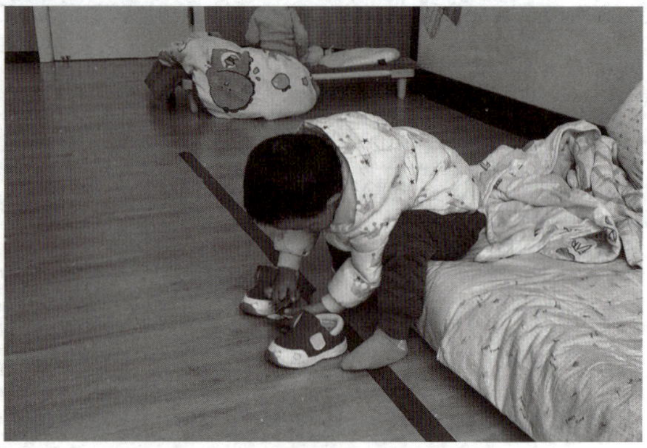

图 2-1-18　午睡后自己穿鞋

表 2-1-17　午睡环节分工与流程

<table>
<tr><th>工作内容</th><th>午睡前</th><th>午睡中</th><th>午睡后</th></tr>
<tr><td>教师 1(或 1 和 2)</td><td>1. 创造安静、舒适的午睡环境，根据天气变化关闭窗户，并保持室内空气流通；拉下窗帘，播放轻音乐，安静有序地进入午睡
2. 做好物品、床铺等方面的睡前准备</td><td rowspan="2">1. 加强巡视工作，对于个别入睡困难或身体不适的婴幼儿要给予重点关注，对于未入睡的婴幼儿，教师应在旁看护，加强对体弱儿、病患儿的观察与照顾
2. 注意婴幼儿尿床情况，如需起床大小便时应帮助其披上外套、穿上鞋子
3. 注意婴幼儿的午睡姿势（不蒙头、不俯卧、不咬被角、不吸吮手指等）注意随时盖好被子
4. 针对睡眠困难的婴幼儿，及时回应。可适当调整床位或在其身边陪伴
5. 午睡时保持安静，保证时间</td><td>1. 提前 5 分钟，播放音乐，让儿童自然醒来
2. 培养自理能力，帮助或协助婴幼儿穿衣裤、鞋袜
3. 全部婴幼儿起床后，打开门窗通风，使室内始终保持空气清新，减少传染病的发生
4. 整理床铺，保持寝室内整洁、有序
5. 准备午点、分餐</td></tr>
<tr><td>教师 2(或 3)</td><td>1. 睡前安排散步、如厕等活动
2. 睡前进行午检，测量体温，上床前，将随身携带的小物件（纽扣、皮筋、发卡、线头等）集中放在一起，避免睡中玩耍，发生意外
3. 帮助或协助婴幼儿脱去鞋袜、外套、外裤等（考虑天气因素），并叠放整齐摆放在床脚位置</td><td>1. 组织已起床的婴幼儿如厕
2. 帮助已穿好衣服的婴幼儿整理着装，仔细检查衣服穿戴是否整齐，鞋子有无穿反，并帮助调整、梳头
3. 填写婴幼儿午睡记录情况表，将特殊情况做好记录
4. 组织婴幼儿保育活动（饮水、增减衣物、如厕、更换尿布等），为下一环节的活动做好准备</td></tr>
<tr><td>保教重点</td><td colspan="3">1. 做好睡前活动安排，抓住散步时间，提醒婴幼儿午休的要求及自我服务的方法与要点
2. 上床后入睡前可以加入适当讲故事环节，平稳情绪
3. 起床后，是锻炼自理能力的好时机，教师应利用这个时间，提升婴幼儿的自我服务能力</td></tr>
<tr><td>语言提示</td><td colspan="3">走入寝室静悄悄，安全检查不漏掉。外衣鞋帽摆整齐，上床躺好不逗闹。
盖好被子不蒙脸，呼吸畅通睡得香。</td></tr>
<tr><td>观察重点</td><td colspan="3">一听：听听呼吸是否正常
二看：看看神态，严密注视婴幼儿的举动有无异常，发现问题及时处理
三摸：摸摸额头的温度
四做：对个别踢被子的婴幼儿要亲自为其盖好</td></tr>
</table>

续 表

	眼勤:眼睛要时刻盯着婴幼儿,严密注视婴幼儿的举动,发现问题及时处理 嘴勤:对个别不能安静入睡、调皮好动的婴幼儿,要耐心地不断劝说其改掉不良习惯 手勤:对个别睡姿不正的婴幼儿要及时进行调整,使其养成良好睡姿 腿勤:午睡时值班教师不应该总坐在椅子上,要经常在寝室巡视,仔细观察婴幼儿的午睡状况,及时发现、解决突发情况
注意事项	1. 不趴睡 2. 情绪波动较大的婴幼儿与其他婴幼儿分离入睡 3. 婴幼儿睡眠阶段,教师不得与婴幼儿同睡 4. 婴幼儿睡眠阶段,班级中的教师不得同时离开教室 5. 体弱儿、对声、光敏感婴幼儿的床褥安排需个性化处理

8. 离园

图 2-1-19 离园下楼

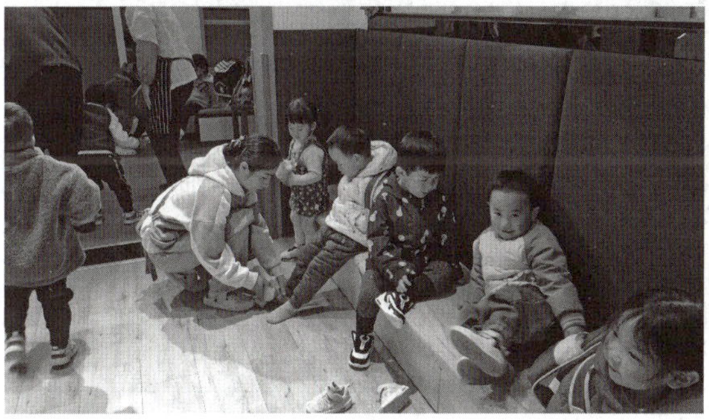

图 2-1-20 离园换鞋

表 2-1-18 离园环节分工与流程

<table>
<tr><th>工作内容</th><th>离园前</th><th>离园中</th><th>离园后</th></tr>
<tr><td>教师 1(或 1 和 2)</td><td>1. 组织婴幼儿检查、收拾好自己的生活和学习用品
2. 检查婴幼儿服装穿戴是否整洁适宜</td><td rowspan="2">1. 提醒婴幼儿有礼貌地向教师和小朋友告别
2. 严格确认接婴幼儿的家长,遇有陌生人来接,必须进行电话或其他可信方式的相关确认。注意观察婴幼儿是否跟随家长离园
3. 在婴幼儿离园时,向全日健康观察中有问题的个别婴幼儿家长,重点、扼要、客观地汇报该婴幼儿的相关情况,积极主动地争取得到家长的理解与配合,保留好相关资料,做好相关记录</td><td rowspan="2">1. 做好次日各项活动的准备
2. 待所有婴幼儿离园后,开始做活动室、教室清洁,及时清除垃圾、污物。清洁用具(如扫帚、拖把、抹布等)要专用,拖把、抹布每次用后要及时清洁、消毒、晾干,所有物品归位摆放,活动室内部留放食品
3. 检查所有活动室内固定设备完好情况,需要报修、报损的及时上报或处理
4. 离开时用紫外灯对活动室、寝室消毒,消毒时要确定室内无人,关好门窗,并做好记录,紫外灯消毒结束后,打开门窗通风
5. 与家长通过线上方式沟通婴幼儿在园情况</td></tr>
<tr><td>教师 2(或 3)</td><td>1. 稳定婴幼儿情绪,安排适宜的离园前活动
2. 与婴幼儿进行简短谈话,小结当日活动情况
3. 交代次日活动准备和要求;组织婴幼儿开展小型安静的自选活动等</td></tr>
<tr><td>保教重点</td><td colspan="3">1. 收拾好玩过的玩具,物归原处,学会物品收归
2. 主动与教师、同伴说再见,和家长打招呼</td></tr>
<tr><td>语言提示</td><td colspan="3">上下楼梯不拥挤,小心踩踏伤我自己。
宝宝来园不迟到,问老师,早晨好,大家夸我有礼貌。</td></tr>
</table>

三、常见问题处理

拓展阅读

特殊情况处理表

（一）处理流程

意外可能发生，但也可以预防。万一不幸发生意外时，危机处理非常重要。为做好预防工作，须每半年进行一次危机处理的演练，详见图 2-1-21。若发生意外事件，应处理好婴幼儿的状况后，填写特殊情况处理表。

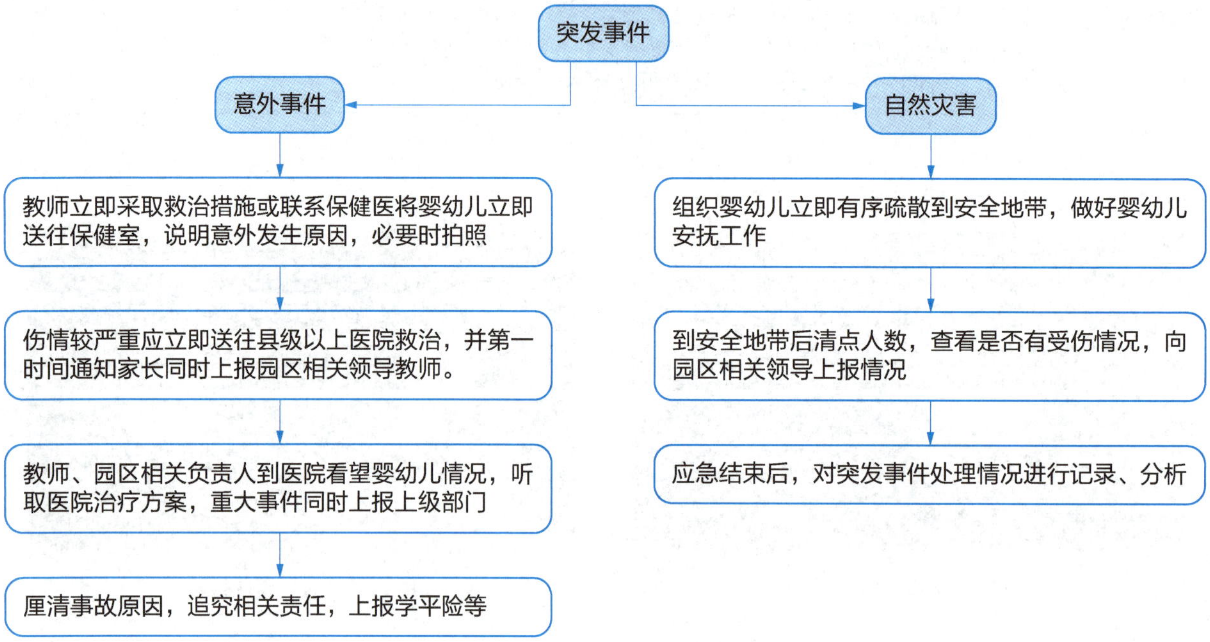

图 2-1-21 突发事件应急处理流程图

（二）常见问题分析及对策

1. 婴幼儿常见意外伤害原因分析及对策

表 2-1-19 婴幼儿常见意外伤害原因分析及对策

常见问题	原因分析	实施对策	预防措施
跌伤、撞伤	1. 从高处跌落 2. 动作协调能力发展不足导致跌伤	1. 先用冰敷方式，以塑料袋装冰块，外包毛巾，在受伤疼痛部位敷约 15 分钟，如仍疼痛可反复冰敷（须每次间隔 30 分钟，过度冰敷可能会引起冻伤） 2. 急性期（指发生后 24 小时内）避免泡热水澡 3. 红肿消失后可改为热敷	1. 不可将婴幼儿单独放置在高处 2. 婴幼儿的婴儿床栏杆间距不可过大（大约为 6 厘米），以免卡住头部 3. 不让婴幼儿睡在危险区域，例如：沙发、床边 4. 婴幼儿活动时注意空间大小，注意物品收归 5. 尚未能独坐的婴幼儿，独坐时周边放置软垫，以防后仰或前倾时撞伤头部
夹伤	门、柜子、抽屉等夹伤	1. 先用冰敷，用塑料袋装冰块，外包毛巾，在受伤疼痛部位敷约 15 分钟，如仍疼痛可反复冰敷（须每次间隔 30 分钟，过度冰敷可能会引起冻伤）	1. 开关门要小心，以免门缝处夹伤婴幼儿 2. 开关柜门留意旁边有没有婴幼儿 3. 指导婴幼儿开关门的正确方法

续 表

常见问题	原因分析	实施对策	预防措施
		2. 急性期(指发生后24小时内)避免泡热水澡 3. 24小时后可改为热敷 4. 若有破皮,用无菌纱布裹住伤口冰敷15分钟,再用生理盐水清洗伤口,擦上碘酒(或莫匹罗星等消毒杀菌的药品),再包扎	4. 小心椅子腿和桌子间的合并处,婴幼儿容易被此处夹伤
擦伤	1. 地面湿滑、障碍物等引起摔伤、擦伤 2. 走路、上下楼、跑步等活动过程中由于动作协调性差导致摔倒擦伤	1. 皮下出血:血肿部位不要用手揉,局部冷敷 2. 擦伤:检查伤口深度、大小、有无污染,用冷开水清洗伤口,表皮擦伤应及时送医务室用消毒药水处理,有渗血应进行包扎,根据情况送医治疗	1. 保持活动空间地面干燥、无杂物、无障碍 2. 活动空间避免硬件安全隐患,如门缝、抽屉、桌角等应做安全处理 3. 活动、移动过程中,提醒婴幼儿注意安全,对走路不稳、协调能力欠佳的婴幼儿应加强照护
鼻出血	1. 磕碰、外伤 2. 婴幼儿抠鼻子 3. 擤鼻涕过于用力 4. 秋冬季节干燥引起鼻出血	1. 安抚、低头、前倾 2. 按住鼻翼10分钟 3. 可以用湿毛巾冷敷鼻翼和前额 4. 无法止血或经常流鼻血的婴幼儿建议到医院进行诊治	1. 避免外伤,注意安全防范 2. 不挖鼻孔,做好正确引导 3. 秋冬干燥季节室内适当调节湿度 4. 注意饮食合理,多吃富含蛋白质、维生素和铁剂的食物,增加饮水
异物入体	1. 玩弄小颗粒物品:豆子、纽扣、玻珠等 2. 活动区域内有蚊虫、灰尘、飞沙等 3. 手上有异物时揉眼睛 4. 吃饭时说话、食材大小不合适等原因引起食物进入气管发生气道梗阻	1. 鼻腔异物:不要用手、镊子拿取。按压没有异物一侧,让幼儿擤鼻涕,或刺激鼻腔,使其打喷嚏 2. 耳朵异物:不要用镊子捏或灌水。昆虫:用手电筒照;豆类等:侧头单脚跳 3. 眼睛异物:滴眼药水、棉棒粘生理盐水,无法取出立即送医。不要用手揉,以免引起角膜感染 4. 气管异物:海姆立克急救法,无法取出或处理应立即送医	1. 每天对婴幼儿携带的物品进行安全检查,避免携带危险物品进入教室 2. 进入托育园建议穿统一园服,避免纽扣、金属挂件、带子等危险配件 3. 注意进餐安全,不催促、不说话,食材大小适宜 4. 掌握常用急救方法,遇到突发情况从容、正确处理
咬伤	1. 动物咬伤:蚊虫、蜜蜂、黄蜂、毛毛虫等叮咬 2. 小动物:猫、狗、蜈蚣、毛毛虫等咬伤 3. 小朋友咬伤	1. 蚊子:用肥皂清洗止痒,清凉油、花露水等涂于患处 2. 蜜蜂:有刺需要请保健医采用正确方式先将刺取出,再用肥皂水涂抹患处 3. 黄蜂:食醋涂抹患处 4. 蜈蚣:可用肥皂水、氨水或小苏打等碱性溶液冲洗伤口并施行冷敷,然后送医院处理 5. 毛毛虫:伤口处疼痛红肿时可先用橡皮膏把插入皮肤内的刺粘出来,然后用肥皂水涂于伤处 6. 宠物咬伤:立即、就地、彻底清洗伤口,若有破皮、出血应立即送医治疗,及时注射狂犬疫苗 7. 小朋友咬伤:消毒后冰敷(须每次间隔30分钟,过度冰敷可能会引起冻伤)	1. 窗子安装纱窗,采用驱蚊灯等防蚊虫 2. 注意活动区域植物情况,到茂密树林中玩耍时注意防虫 3. 梅雨季节过后,在树下玩耍要注意防范毛毛虫 4. 教导婴幼儿懂得动物不是玩具,在宠物吃饭、睡觉时不要打扰它,不是自己的宠物不能触碰等 5. 引导婴幼儿如何用肢体或语言表达意思和想法

续 表

常见问题	原因分析	实施对策	预防措施
惊厥	高热惊厥较为常见	1. 侧卧，随时擦去鼻腔、口腔分泌物、呕吐物，防止异物进入气管 2. 松开幼儿衣领、裤子，保持血液循环畅通 3. 安抚、陪伴婴幼儿，注意观察 4. 通知保健医、家长	1. 入园前了解婴幼儿病史 2. 每天做好晨、午、晚检，避免婴幼儿高热 3. 关注婴幼儿精神状态变化

2. 婴幼儿常见疾病原因分析及对策

表 2-1-20 婴幼儿常见疾病原因分析及对策

常见问题	原因分析	实施对策	预防措施
腹泻、呕吐等	腹泻、呕吐等，有感染性、非感染性消化系统疾病，如饮食过饱或受凉，引起急性胃炎或者急性胃肠炎	注意避免水电解质紊乱，腹泻、呕吐严重要及时给予补水，必要时送医治疗	1. 饮食规律，少吃或不吃寒凉食物 2. 进餐前先洗手，注意餐具清洁与消毒 3. 托育园应保证食材新鲜
腹痛	消化不良、肠痉挛、发热、便秘等	1. 综合婴幼儿精神状况进行情况评估，告知保健医进行初步诊断 2. 精神状态无影响，肤色、体温、活动情况正常，可先观察，喝温水休息 3. 情况严重应立即通知家长送医治疗	1. 注意观察，及时回应 2. 饮食有规律，不暴饮暴食，多吃蔬菜水果
出牙不适	6 个月至 2 岁半的婴幼儿出牙期造成疼痛、异物感等	1. 注意观察，及时回应 2. 建议家长适当使用磨牙棒等	1. 每日定时清洁口腔 2. 不喝含糖饮料、少吃甜食
感冒	多数为病毒感染或受凉，少数也会由细菌感染、支原体感染等引起	1. 及时帮婴幼儿清理鼻涕 2. 定时测量体温，注意观察精神状况 3. 注意调整饮食情况，不强迫进食 4. 户外活动注意增减衣物	1. 每日坚持户外活动，提高机体抵抗力 2. 运动时注意增减衣物，使用吸汗巾 3. 合理饮食，注意营养搭配 4. 活动室内定时开窗通风 5. 教师感冒时应及时治疗并注意防护措施，避免传染
发热	感染、受凉等	1. 发现婴幼儿发热（腋下温度高于 37.5℃）时应为其进行物理降温 2. 通知保健医、家长 3. 注意观察精神状况，防止高热惊厥	做好体温监测工作，严格按照体温检测制度，固定测量时间，并做好记录
尿布疹	多发生在 1 岁以内婴儿	1. 及时更换纸尿裤 2. 每次更换时应洗干净、擦干后涂抹红屁霜	1. 检查纸尿裤是否合适 2. 及时更换 3. 尿布疹期间注意清洁，平时也要注意定时更换，清洁后应擦干再擦护臀霜
湿疹	多数情况为食物过敏，也有可能是紫外线、冷空气、湿热、化妆品、花粉、尘螨等造成过敏	1. 注意修剪指甲，避免搔抓 2. 避免摄入过敏食物 3. 与家长联系，找出原因 4. 与婴幼儿接触的过程中避免触碰到湿疹处 5. 发病期间不接种疫苗	1. 入园前进行过敏原登记，每日食材避开过敏食物 2. 教师工作时统一工装，避免毛领、羊毛织物露在外面 3. 教师在岗期间不擦香水，不过度使用化妆品

3. 婴幼儿生活活动常见问题原因分析及对策

表 2-1-21 婴幼儿生活活动常见问题原因分析及对策

常见问题	原因分析	实施对策
推挤	1. 盥洗室内婴幼儿太多 2. 婴幼儿过于着急 3. 等待区域设置不合理	1. 分组进入盥洗室 2. 为婴幼儿留有充分的如厕时间，提醒婴幼儿不要着急、慢慢来 3. 观察婴幼儿等待时前后的位置，并作适当提醒 4. 开展“盥洗室安全小贴士”讨论活动，并将讨论结果制作为图示
如厕训练 1. 总是弄湿衣裤 2. 不愿坐便盆 3. 无排尿意识 4. 如厕训练出现倒退，已经不再使用纸尿裤，但又开始经常尿裤子 5. 午睡时尿床	1. 因年龄较小，生理发育尚不成熟，不能完成 2. 不会穿脱衣裤或者动作不熟练 3. 家长未配合，园中要求与家中要求不一致 4. 前期家长过于溺爱或忽视	1. 如厕训练最重要的是理解婴幼儿，了解婴幼儿身心发展规律及如厕训练的时间、方法 2. 裤子弄湿肯定会让婴幼儿感到不安，保持积极的态度，温柔地提醒婴幼儿 3. 可能需要多次甚至很久才能成功，有个体差异，教师不宜进行个体之间的对比 4. 在一日活动中做好如厕活动计划，包括如厕前的模拟活动、怎样脱裤子、提裤子等 5. 提醒家长，为婴幼儿准备穿脱方便的衣物
饮水 1. 不爱喝水 2. 不会用水杯 3. 喝水慢	1. 从小没有饮水习惯 2. 从鸭嘴杯到吸管杯再到敞口杯过渡中，忽视了某一阶段的困难 3. 拒绝喝白开水，或喜欢有甜味的水	1. 不要轻易放弃，也不要操之过急 2. 做好家园共育 3. 鼓励、引导婴幼儿逐渐适应敞口杯 4. 做好示范作用

4. 婴幼儿进餐组织常见问题原因分析及对策

表 2-1-22 进餐组织常见问题原因分析及对策

常见问题	原因分析	实施对策
拒绝进餐	1. 分离焦虑、哭闹 2. 身体不适 3. 不饿，入园前有过进食 4. 不适应、不习惯	1. 营造温馨进餐环境，开展系列活动缓解婴幼儿进餐焦虑 2. 在心理环境方面，教师可以通过陪伴婴幼儿进餐，对食物的营养价值做介绍，表扬鼓励婴幼儿的进餐表现 3. 对身体不适婴幼儿重点陪伴
不能独立进餐	1. 家中习惯家长喂饭 2. 不会使用勺子 3. 进餐时容易分心，喜欢和其他小朋友讲话聊天 4. 进餐时有某些不良习惯，例如：边看电视边吃饭	教师可以通过形象生动的故事、儿歌让婴幼儿体会独立进餐的意愿，学习独立进餐的技能，主要包括用勺、用筷子的技能，还可以通过反复练习，巩固婴幼儿的独立进餐技能
低龄婴幼儿进餐问题	1. 认为婴幼儿不会，全程由教师代替完成 2. 用玩具、手机等物品逗引婴幼儿配合完成 3. 任其自由进餐，不管其进食量，只管碗中吃完即可	1. 给予婴幼儿充分的机会参与进餐训练，特别是在低龄阶段，可以提供一些方便抓握的食物进行自己进餐 2. 进餐时，为了提高婴幼儿的专注力，不宜有其他干扰 3. 每餐固定进餐时长
体弱儿、肥胖儿、特殊婴幼儿进餐问题	1. 体弱儿进食量少 2. 肥胖儿吃不饱，吃得多 3. 特殊婴幼儿对部分食物过敏	1. 对体弱儿特别照顾，尽量把高蛋白、高热量的食物首先吃下去，鼓励但不逼迫 2. 肥胖儿应多吃蔬菜，少吃脂肪含量高的食物。注意控制总进食量以及碳水摄入量，具体情况根据个体而定 3. 分餐前考虑到有特殊情况的婴幼儿，注意食物过敏的情况

给未来老师的工作建议

0～3岁婴幼儿是从环境中去体验和学习的，善于学习模仿身边的人和事。对于入托的婴幼儿，老师是每天陪伴他们最多的人，老师的言谈举止、性格、态度、说话方式等都会影响婴幼儿的学习和成长。而婴幼儿身上每一个良好的生活习惯养成都不是一蹴而就的，其中饱含了老师们满满的教育智慧和点点滴滴的积累。托育工作不仅需要爱心、耐心和细心，更重要的是将教育的智慧运用到工作中，用专业的态度对待每一件日常工作，用专业的知识和能力在细小的每一项工作中引导婴幼儿的成长。

拓展阅读

保育活动标准

课后加油站

推荐文件资料

《托儿所幼儿园卫生保健管理办法》

《托儿所幼儿园保健工作规范》

《中华人民共和国家庭教育促进法》

推荐课后阅读

《托育照护》(人力资源社会保障部教材办公室组织编写)

《保育的灵魂》([日]仓桥物三著，李季湄译)

思政园地

“人民楷模”都贵玛

2019年9月29日，都贵玛被授予“人民楷模”国家荣誉称号，由此一段来自草原深处的感人故事被全国人民所熟知。20世纪60年代初，我国发生大面积的自然灾害，长三角地区保育院收养的几千名孤儿因食品短缺陷入困境。周恩来总理和内蒙古自治区主席乌兰夫商议决定将这些儿童接到千里之外并不富裕的内蒙古，将抚育这些孩子的希望寄予在草原。来自草原的牧民们听说了这个消息后，积极响应党中央的号召，他们把这些从南方接来的孩子亲切地称为“国家的孩子”。当时年仅19岁的都贵玛用细心、爱心、耐心日复一日地照看着28名婴幼儿，面对一群咿呀学语的孩子，这个未婚姑娘从喂饭、把尿做起，凭借坚强的毅力和全身心的投入，温暖了每一个幼小的心灵。

任务总结

《托育机构保育指导大纲(试行)》明确指出的“一个中心，四个原则，七项内容”是全面开展婴幼儿托育服务的纲领性文件，托育机构需遵循“保教结合，保育为重”的原则，认真组织实施保育关键节点典型工作任务；严格执行保育工作一日流程，做到常规工作标准化，标准工作精细化；科学灵活地处理好各类特殊情况，大力推行“预防为先，尽力善后”的方针政策，保证为婴幼儿提供健康、安全、丰富的生活和活动环境，全面提高照护人员保育水平，确保婴幼儿健康、安全、快乐成长。

任务拓展

1. 创设托育机构保育工作开展的真实情境，模拟具体的保育组织与实施。

2. 与合作机构建立定期见习机制，并尝试设计一日生活和活动方案，通过机构现场观摩形式对方案进行核对验证，最终形成可行方案。

任务二 教育岗位工作——“写”

学习情境

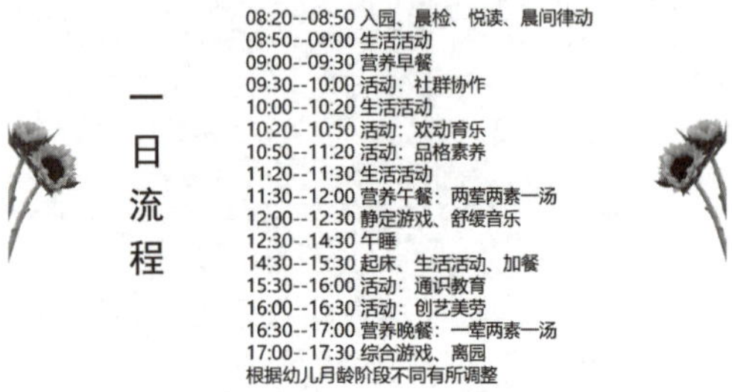

图 2-2-1　托育园一日活动图示例

优秀的早教、托育不仅仅是托安全、托健康、托陪伴，更要通过一系列的课程来进行育品德、育人格、育智能。在托育机构的一日流程中，教育活动具有比较重要的地位。作为一名早教教师如何开展教育活动？如何写好教育活动设计？教育活动设计又由哪些部分组成呢？

学习目标

知识目标

1. 理解婴幼儿教育活动设计的概念及特点。
2. 掌握婴幼儿教育活动的基本方法和组织形式。

能力目标

1. 能进行婴幼儿教育活动设计，编写教案。
2. 能对教案进行分析评价。

素质目标

1. 提高创新意识，培养教师教育活动设计能力，做好职前培养工作。
2. 通过岗位工作中的教育活动深刻理解如何成为有理想信念、有道德情操、有扎实学识、有仁爱之心的“四有”好老师。

学习导图

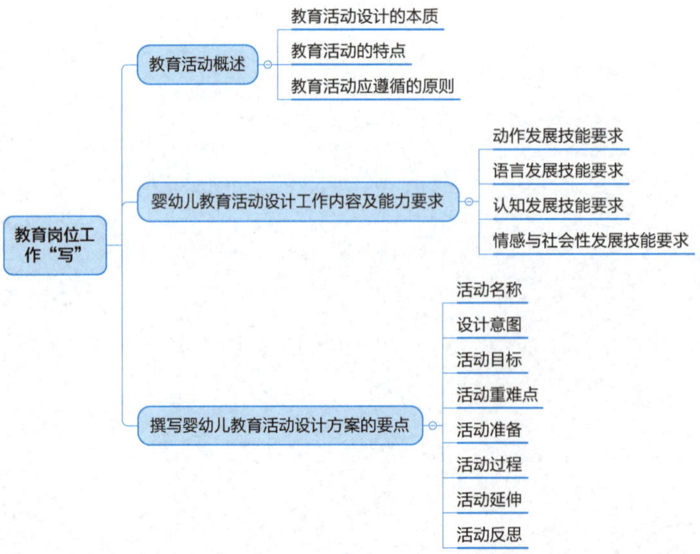

学习任务单

任务分析

表 2-2-1 任务清单

本小节任务清单	岗	课	赛	证
任选一:教育活动设计进行分析修改	√	√		
任选二:编写教育活动设计	√	√	√	√

任务要求

1. 活动方案要主题明确,活动目标符合设定月龄段婴幼儿发展水平,方法得当,书写表达流畅。
2. 活动实施准备充分,环节紧凑,互动良好,能有效达成活动目标。
3. 在设计与组织实施活动中体现资源整合的能力。

任务成果

表 2-2-2 任务成果

任 务	任 务 清 单	成 果 建 议
任务一	任选一:教育活动设计进行分析修改	从点到面进行分析修改
任务二	任选二:编写教育活动设计	按照教学模板进行

任务达标

表 2-2-3 任务评分

	6 分以下	6~7 分	8~9 分	10 分	自评分	组内互评
任务一						
任务二						

一、教育活动设计概述

(一) 教育活动设计的本质

教育活动是教育目标得以实现的重要载体。

在活动的设计、组织、实施及评价等诸多环节中，活动设计是非常重要的一环，它是有效实现教育目标的第一步，同时也是衡量教师教育能力的关键。

教育活动设计指教师根据教育目标及婴幼儿的年龄特点、需要和兴趣，选择相应的教育内容和方法，对婴幼儿实施教育影响的活动方案。是教师以多种形式有目的、有计划地引导婴幼儿生动、活泼、主动活动的教育过程。

托育机构教育活动常用的形式有集体教育活动、小组教育活动和个别教育活动。根据我国的实际情况，可以把托育机构教育活动理解为，照护者和婴幼儿在《纲要》的指导下，有目的、有计划地开展健康、动作、语言、认知、情感与社会性等领域的基础性知识与技能的教与学的活动，目的在于促进婴幼儿身心健康、和谐发展。托育机构的教育活动主要通过集体教育来实施，但也可在生活活动、游戏活动、区角活动等环节中渗透。

(二) 婴幼儿教育活动的特点

婴幼儿教育活动在目标、形式和内容等方面与中小学的教育活动有着显著的不同。婴幼儿教育活动具有整合性、生活性、趣味性、启蒙性等特点。

1. 整合性

整合性是指婴幼儿教育活动是综合性的，而非分科的、单一的。一是内容选择上的整合性，婴幼儿教育内容划分为动作、语言、认知、情感与社会性等领域，每个领域都是整合性的，并考虑不同领域教育内容的相互渗透与整合。二是形式选择上的整合性，在同一个教育活动中，可以选择多种教育形式，形成教育合力，促进婴幼儿发展。

2. 生活性

生活性是指婴幼儿教育活动贴近婴幼儿的生活，紧扣婴幼儿的直接经验。一是婴幼儿教育活动的内容应源于婴幼儿的生活，要尽量贴近婴幼儿的生活经验。二是婴幼儿教育活动环境的创设应生活化。要努力营造与婴幼儿生活相一致、密切贴近婴幼儿生活世界的生活和学习环境，让婴幼儿在生活中学习，在生活中发展。

3. 趣味性

趣味性是指婴幼儿教育活动的内容和形式生动有趣，能吸引婴幼儿主动、积极地参与学习活动。新奇、有趣是婴幼儿探究和加入活动的直接而朴素的理由。趣味性主要体现在活动内容的选择、活动形式的组织、活动环境的创设以及活动材料的投放等方面。其中，为使教育活动富有童趣，让教育“游戏化”是常用的策略。

4. 启蒙性

启蒙性是指婴幼儿教育活动的目标是为婴幼儿的身心发展启动、奠基，而非发展的最终结果。婴幼儿的身心处于初步发育、成长阶段，各方面的能力均未成熟，在选择教育活动内容时要选择那些粗浅的、利于孩子接受的、启蒙性的知识，使他们在享有快乐童年的同时，身心得到与其发展水平相适应的发展和提高。

(三) 婴幼儿教育活动设计应遵循的原则

1. 适宜性原则

适宜性指的是教师在制定教育目标、确定教育内容、创设教育环境实施教育过程等环节中，充分考虑婴幼儿的年龄特点、学习特点、发展水平和情感需要，以最适合婴幼儿特点的课程展开教育活动。适宜性原则充分表明了婴幼儿自身特点和需要对教育目标、内容、方法等的影响：适宜的目标婴幼儿跳一跳能够得着，适宜的内容婴幼儿容易理解，适宜的方法婴幼儿能够接受，只有适宜的才是最好的。所以，教师在选择教育目标和内容的时候，不要照搬书上的，能够借鉴，但一定要考虑自己班婴幼儿的年龄特点和实际需要，再好的活动不适合婴幼儿也是徒劳。

2. 渗透性原则

这里的渗透有以下两方面含义：一是教育活动要渗透到婴幼儿的一日生活中自然实行，保育为主，保教结合；二是指课程内容之间相互渗透，无论是领域课程还是主题课程，其内容、目标都是相互渗透，相互融合的，不能孤立实行。尤其是语言领域和情感与社会领域的教育活动，比其他领域的渗透更明显一些。例如，在认知教育活动中，一般都要渗透大胆表达的目标等。

3. 参与性原则

参与性原则包含两层含义，一是在教育活动设计过程中，要注重通过多种途径和策略调动婴幼儿的主题参与性，在参与过程中获得体验与发展；二是指在设计教育活动的过程中，要考虑到家长资源、社会资源、同伴资源等多种教育资源的共同参与。

4. 发展性原则

婴幼儿教育的最终目的是为婴幼儿提供发展的途径，使婴幼儿既获得当前的发展，又有利于婴幼儿的长远发展。当然，发展不仅指知识的丰富，还包括水平的提升、情感态度的改善以及良好行为习惯的培养。

二、婴幼儿教育活动设计工作内容及能力要求

婴幼儿教育活动应当遵循婴幼儿发展的年龄特点与个体差异，通过多种途径促进婴幼儿身体发育和心理发展。教育重点应当包括动作、语言、认知、情感与社会性等（如表 2-2-4～表 2-2-7）。

表 2-2-4　动作发展技能要求

工作模块	工作内容	技能要求	
早期发展	动作	乳儿班	能设计活动训练婴儿进行身体活动，尤其是地板上的游戏活动
			能设计活动训练婴儿自主探索从躺位变成坐位，从坐位转为爬行，逐渐到扶站、扶走
			能利用适宜的玩具进行活动设计，促进抓、捏、握等精细动作发展
		托小班	能设计活动训练幼儿进行形式多样的身体活动，为幼儿提供爬、走、跑、钻、踢、跳等的机会
			能提供多种类活动材料进行活动设计，促进涂画、拼搭、叠套等精细动作发展
			能设计活动训练幼儿自己喝水、用小勺吃饭、自己翻书等能力
		托大班	能设计活动为幼儿提供走直线、跑、跨越低矮障碍物、双脚跳、单足站立、原地单脚跳、上下楼梯等的机会
			能利用多种类活动材料进行活动设计，促进幼儿搭建、绘画、简单手工制作等精细动作发展
			能进行活动设计训练幼儿自己用水杯喝水、用勺吃饭、协助收纳等能力

表 2-2-5　语言发展技能要求

工作模块	工作内容	技能要求	
早期发展	语言	乳儿班	能设计活动经常和婴儿说话，引导其对发音产生兴趣，模仿和学习简单的发音
			能设计活动向婴儿复述生活中常见物品和动作，帮助其逐渐理解简单的词汇
			能设计活动引导婴儿使用简单的声音、表情、动作、语言表达自己的需求

续 表

工作模块	工作内容	技能要求	
			能为婴儿选择合适的图画书，朗读简单的故事或儿歌
		托小班	能设计活动培养幼儿正确发音，逐步将语言与实物或动作建立联系
			能设计活动鼓励幼儿模仿和学习使用词语或短句表达自己的需求
			能设计活动引导幼儿学会倾听并乐意执行简单的语言指令，积极使用语言进行交流
			能设计活动让幼儿多读绘本、多听故事、学念儿歌
		托大班	能设计活动指导幼儿正确地运用词语说出简单的句子
			能设计活动训练幼儿用语言表达自己的需求和感受
			能设计活动创造条件和机会，使幼儿多听、多看、多说、多问、多想，谈论生活中的所见所闻
			能设计活动培养幼儿阅读的兴趣和能力，学讲故事、学念儿歌

表 2-2-6　认知发展技能要求

工作模块	工作内容	技能要求	
早期发展	认知	乳儿班	能利用有利于视、听、触摸等材料设计活动，激发婴儿的观察兴趣
			能设计活动鼓励婴儿调动各种感官，感知物体的大小、形状、颜色、材质等
			能设计活动引导婴儿观察周围的事物，模仿所看到的某些事物的声音和动作
		托小班	能设计活动引导幼儿运用各种感官探索周围环境，逐步发展注意、记忆、思维等认知能力
			能设计活动引导幼儿辨别生活中常见物体的大小、形状、颜色、软硬、冷热等明显特征
			能设计活动引导幼儿在操作、摆弄、模仿等活动中想办法解决问题
		托大班	能设计活动引导幼儿运用各种感官反复持续探索周围环境，逐步巩固和加深对周围事物的认识
			能设计活动启发幼儿观察辨别生活中常见物体的特征和用途，进行简单的分类，并感受生活中的数学
			能设计活动培养幼儿在感兴趣的事情上能够保持一定的专注力
			能设计各种游戏活动，引导幼儿主动思考、积极提问并大胆猜想，激发幼儿的想象力和创造力

表 2-2-7　情感与社会性发展技能要求

工作模块	工作内容	技能要求	
早期发展	情感与社会性	乳儿班	能观察了解不同月龄婴儿的需要，把握其情绪变化，尊重和满足其爱抚、亲近、搂抱等情感需求
			能设计活动引导婴儿理解和辨别高兴、喜欢、生气等不同情绪
			能敏感察觉婴儿情绪变化，理解其情感需求并及时回应
			能创设温暖、愉快的情绪氛围，促进婴儿交往的积极性
		托小班	能引导幼儿用表情、动作、语言等方式表达自己的情绪
			能培养幼儿愉快的情绪，及时肯定和鼓励幼儿适宜的态度和行为
			能拓展交往范围，引导幼儿认识他人不同的想法和情绪
			能引导幼儿理解并遵守简单的规则
			谈论日常生活中幼儿感兴趣的人和事，引导其通过语言和行为等方式表达情绪情感

续 表

工作模块	工作内容	技能要求	
		托大班	能引导幼儿进行情绪控制的尝试，指导其学会简单的情绪调节策略
			能创设人际交往的机会和条件，使幼儿感受与人交往的愉悦
			能利用活动帮助幼儿理解和遵守简单的规则，初步学习分享、轮流、等待、协商，尝试解决同伴冲突

三、撰写婴幼儿教育活动设计方案的写作要点

教育活动设计写得好，目标明确、条理清晰、层次分明，那么在教育活动的实施过程即上课时就能得心应手、有条不紊、中心明确。反之，则条理不清、轻重不分，教者思绪不明，学者一头雾水，就不能达到好的教育效果。

教育活动的基本环节包括：活动名称、活动设计意图、活动目标、活动准备、活动过程、活动延伸、活动反思。

（一）活动名称

活动名称的构成：年龄＋领域＋名称。例：

31～36 月龄认知活动“认识五官”

25～30 月龄语言活动“我会说”

19～24 月龄认知活动“球宝宝找朋友”

1. 活动内容的选择应注意的问题

（1）符合该月龄婴幼儿的认知发展和最近发展区情况。

（2）活动内容的选择可考虑婴幼儿已有的知识、经验基础，需要培养的能力、素质等。

2. 活动内容的选取应注意的原则

（1）活动内容的选取要符合婴幼儿状况。

（2）活动内容的选取要符合婴幼儿的兴趣爱好、性格特点、生活经验等。

（二）设计意图

分析活动内容，婴幼儿的学习特点，年龄特点，现有认知水平，说明开展这一活动的充足理由，及为什么要选择这一内容。

从婴幼儿的身心发展的水平去阐述，从婴幼儿在生活中的实际状况去阐述，从活动性质和对婴幼儿的价值去阐述……例如：“正因为婴幼儿身心发展水平低，活动本身赋予的特殊意义婴幼儿自己无法读懂，所以我设计这个活动，目的在于让幼儿达到某种水平。”设计活动不能一意孤行，要有理论依据，不要忽略了文件和纲领，《托育机构保育指导大纲（试行）》《纲要》和《指南》对教育活动起着导向作用，我们在执行教育的过程中要符合《大纲》或《纲要》的精神。

案例

18～24 个月宝宝认知活动：颜色宝宝

18～24 个月宝宝喜欢图形分类，知道熟悉的物品的具体位置，能画出圆圈，对于色彩的掌握程度也先于之前。由此，我设计了此次活动，通过物品的颜色对比、匹配让宝宝能更好、更快地对物品分类，同时让宝宝学会通过颜色认识到生活中更多的常见物品，将颜色和物品联系起来。

（三）活动目标

活动目标分为三类：知识目标、技能目标、情感目标（如表 2-2-8）。目标的拟定要以婴幼儿为主体，符合婴幼儿发展水平，避免抽象和宏大。应注意的是，围绕知识、技能、情感态度写，以婴幼儿为主体；目标应具体、可操作、体现递进，并有针对性；不要写重复和无效的目标，目标制定应避免空、大的现象。

1. 一个规范的行为目标应该包含四个因素

（1）主体（说明谁来完成这一行为）。明确对象是谁？“教给幼儿……”“教师将说明……”“幼儿应该……”“幼儿能够……”

（2）行为（说明婴幼儿将能做什么）。由行为动词和动作对象两部分构成。

（3）条件（表示婴幼儿在完成规定行为时所处的情景）。

（4）标准（行为完成质量的水平）。行为标准具体描述，可使行为目标更具有可检测性。标准从行为的准确性和正确率方面来确定。

例：幼儿　能在教师的讲解下，复述故事，做到正确、流利。

主体　　　条件　　　动词　　　标准

表 2-2-8　婴幼儿教育活动目标分析

目标	含义	常用的词语
知识目标	活动需要掌握的知识点或者具体任务，是对相关领域内容、知识、经验的获取	认识、了解、领会、记住、掌握、理解等
技能目标	活动过程中行为能力的形成与促进，培养思维、识记、阅读、模仿、观察等能力	能够、会做、模仿等
情感目标	活动过程中情绪情感的体验或某种积极态度的培养	乐意、愿意、喜欢、感受、兴趣、激发、热爱等

2. 婴幼儿教育活动目标设立的原则

（1）目标表述要一致性。婴幼儿教育活动的主体是婴幼儿，所以建议以婴幼儿为中心进行目标的设定，即从婴幼儿发展的角度出发，设立相应的目标。例如：

原目标（以教师为中心）：增强对蔬菜的认识。

改后目标（以婴幼儿为中心）：婴幼儿能对常见蔬菜进行分类，能说出自己喜欢吃的蔬菜。

（2）目标要具有可测量和可操作性。活动目标制定具体、明确，有较强的针对性，可进行测量，也具有可操作性。例如：

原目标（过于笼统）：知道喝牛奶的好处多。

改后目标（具体明确）：知道喝牛奶可以让我们长得更高。

（3）目标与领域要一致。目标应与领域活动相一致，抓住核心目标，有针对性、有效地开展教育活动。例如：

原目标：

1. 学会青蛙跳的动作。
2. 养成爱护小动物的情感。
3. 体验蹦跳的乐趣。

更改后：

知识目标：了解青蛙跳的动作要领。

能力目标：能双脚同时向前跳 20～30 厘米。

拓展阅读

早期发展各领域目标的制定

情感目标：体验跳跃的乐趣，培养运动兴趣。

（四）活动重难点

教育活动的重点除知识重点外，还包括能力和情感的重点。教育活动的难点，是那些比较抽象、离生活较远或过程比较复杂，使婴幼儿难以理解和掌握的知识。

（五）活动准备

为保证目标的实现和活动的开展，应该充分做好活动前的准备工作，具体包括以下方面：

1. 经验准备

一是教师知识经验的准备，做好相关的知识储备，充分考虑到活动过程中会出现的问题。二是婴幼儿知识经验的准备，充分了解婴幼儿的现有知识、经验水平，分析与本活动相关的知识经验准备。

2. 物品准备

准备好开展本次活动所需要的必需物品，包括玩教具、多媒体设备等。

3. 环境准备

活动环境的创设有利于激发婴幼儿参与活动的兴趣。准备适宜开展本次活动的场地干净、安全、温湿度适宜，空间大小、室内户外适宜等，以保证正常教育活动的顺利开展。

（六）活动过程

1. 活动过程的注意事项

（1）标号要清晰明了，层次分明。

（2）教师设计的教育策略应围绕目标，环节中应避免无效的学习，考虑用什么方式来达成目标，关注每个环节实现什么目标。

（3）理清环节之间的逻辑关系，每一个大环节下属的小环节应是对大环节的有效分解。

（4）活动过程中要体现层层递进，如：感受——理解——体验。

（5）写明：以直观展示与直观感受的学习形式为主，做什么及用什么方式达到什么目的。

（6）不要提只回答“是”与“不是”的封闭性的问题。

（7）活动过程注意体现趣味性与游戏性；活动时间不宜过长，环节不宜过多。

2. 活动过程的环节设置

（1）活动导入。导入是活动的起始部分，目的是激发婴幼儿的学习兴趣，让婴幼儿集中记忆力，进入最佳的活动状态。常见的导入方式有：

① 故事导入。例如，身体认知：《我的身体》《肚子里有个火车站》《牙齿大街的新鲜事》等。生活自理：《小熊宝宝》习惯系列故事、《收拾房间的理由》、《脏娃娃的故事》等。体格锻炼：《我的奇趣运动课》《我爱运动》《嘟嘟爱运动》等。

② 音乐导入。例如：《运动歌》《拔萝卜》《幸福拍手歌》《骨头舞》《逮鸡舞》等。

③ 图片导入。例如：身体图片、器官图片、运动图片、运动器械图片、行为习惯图片、动作图片等。

④ 情境导入。可以借助图片、视频、环境创设、玩教具等，创设与活动主题相关的情境。

⑤ 游戏导入。可以选取适合各月龄婴幼儿玩的游戏，月龄太小，婴幼儿不清楚游戏的规则，所以尽量选用简单的游戏。例如：吹泡泡、手指谣、律动等。

（2）活动过程。活动过程是教育活动的核心主体部分，也是活动的实施部分。常见的环节主要有：

① 活动前，组织婴幼儿进行热身锻炼或做一些准备工作。

② 活动中，是活动的开始实施环节，在这个过程中，婴幼儿是活动的完成者，教师作为指导者和引导者，活动过程中要时刻关注婴幼儿的活动情况，活动过程中也应关注婴幼儿的生活需要，做好回应式照

料。另外，也要观察需要及时纠正或帮助的问题，进行个别化指导。

③ 活动后，把出现的问题进行记录与分析，必要时告知家长，做好家园共育工作。

(3) 活动结束。活动的结束，使婴幼儿从兴奋状态恢复安静，可安排放松运动、活动小结等安静的游戏。

(七) 活动延伸

活动的延伸设计主要是针对本次活动，从知识、技能、情感等方面进一步激发婴幼儿的学习延展能力，把活动的内容进行其他方向的延伸或本次活动的强化，进一步丰富活动内容，强化教育的意义。活动延伸可以是家园共育、其他领域的相互融合、区域活动、环境创设等。

拓展阅读

18～24个月宝宝认知活动“颜色宝宝”

如手工折纸活动，可以延伸到请小朋友在自己的折纸上画出自己喜欢的图案。一般可以用几句总结性的话代替。婴幼儿活动多涉及分享，延伸活动可以请小朋友结合自己的生活经历去和小伙伴或者爸爸妈妈一起学习。

需要注意两点：一是活动延伸单列，不属于活动过程中；二是应注明通过什么形式的活动完成。如表演区：尝试多人套圈舞蹈表演。

(八) 活动反思

从科学性合理性对活动的整体设计进行仔细反思，作为教育实践的依据。

给未来老师的工作建议

1. 婴幼儿教育活动的设计一定要结合自身的特长来进行设计，在教育活动的设计中充分发挥自身的优势。

2. 一个好的教育活动一定是不断的反思完善。

课后加油站

推荐课后阅读

《80项婴幼儿心理学实验及启示》(洪秀敏、张明珠、刘倩倩主编)

思政园地

设计教育活动的过程中，构思活动内涵是第一步，关系到后续每一步。具体来说，一方面突出审美教育，强调“美育”对人的多方面深刻影响，主张大力培养学生的审美能力。结合思政理念，在婴幼儿保教综合实训中，教师要从方方面面来体现美，比如说，“场景美”“形式美”“道具美”“服装美”“内涵美”等，致力于以美的体验感染学生，对学生展开审美教育；另一方面突出道德教育。思政重点关注人的思想层面，所谓“立德树人”，不只是一个简单的口号，要融入学生的日常学习，影响学生对职业的追求，对理想的追求。以思政为导向，婴幼儿保教综合实训要重点突出道德教育，强调唤起和提升学生的道德感。总体来说，无论是“审美教育”，还是“道德教育”，都可以丰富婴幼儿教育活动的内涵。

学习婴幼儿保教综合实训课程，不只是为了“分数”“毕业证”，还要根植一种职业精神。具体来说，在思政理论中，涉及对职场环境的介绍，对职业规划的深度引导。将思政理论融入婴幼儿保教综合实训课程，可以改变许多学生的学习心态。比如说，学生会渐渐走出机械化的考试思维，从“职业需求”出发，重新审视婴幼儿保教综合实训课程中的重难点板块，进行反复巩固、多次练习，提前掌握一些基本的求职技能。除此之外，思政理论介绍了一些具体的方法论，指导学生正确地处理职场问题。举例来说，婴幼儿教育活动包含多个环节，任何一个环节都可能遭遇突发情况。这个时候，学生该怎么应对？结合思政理论中的“工匠精神”，学生要理解“坚持”“探索”的重要性。工匠要完成一件艺术品，需要日日坚持，持续探索未知领域。同样，学生要设计一个优质的教育活动，也需要坚持方向、大胆探索，具备“转危为安”的魄力。

（来源：“幼儿园教育活动设计”课程思政教育设计探究. 刘翠萍，宝鸡职业技术学院）

请思考：如何在课程设计中融入思政元素？

任务总结

本任务从早教、托育机构教师在工作中必备的岗位技能入手，重点学习婴幼儿教育活动的内涵、特点、原则，以及婴幼儿教育活动的目标及内容。旨在帮助学习者建立对婴幼儿教育活动的全面认知，树立正确的育儿观及教师观，为后续知识和技能的学习打下扎实的基础。

任务拓展

1. 思考在以后的教育活动中制定什么样的教育计划，才能实现婴幼儿教育活动的意义。
2. 谈谈你对婴幼儿教育活动的总体认识。

任务三　教育岗位工作——“说”

学习情境

近几年来，在教师资格证考试、教师招聘、各级赛教和教育能手、骨干教师评选等活动中，说课已成为仅次于讲课的重要环节之一，而且占据分值也越来越大，说课已成为教师的必备技能。

学习目标

知识目标

1. 理解说课的概念及特点。
2. 掌握说课的基本方法和技巧。

能力目标

1. 会针对 0～6 岁婴幼儿的教育活动进行说课，包括说课稿的撰写、说课课件的制作。
2. 会对同学间的说课进行互评。

素质目标

1. 提高创新意识，培养教师说课能力，做好职前培养工作。
2. 通过岗位工作中的教育活动深刻理解如何成为有理想信念、有道德情操、有扎实学识、有仁爱之心的“四有”好老师。

学习导图

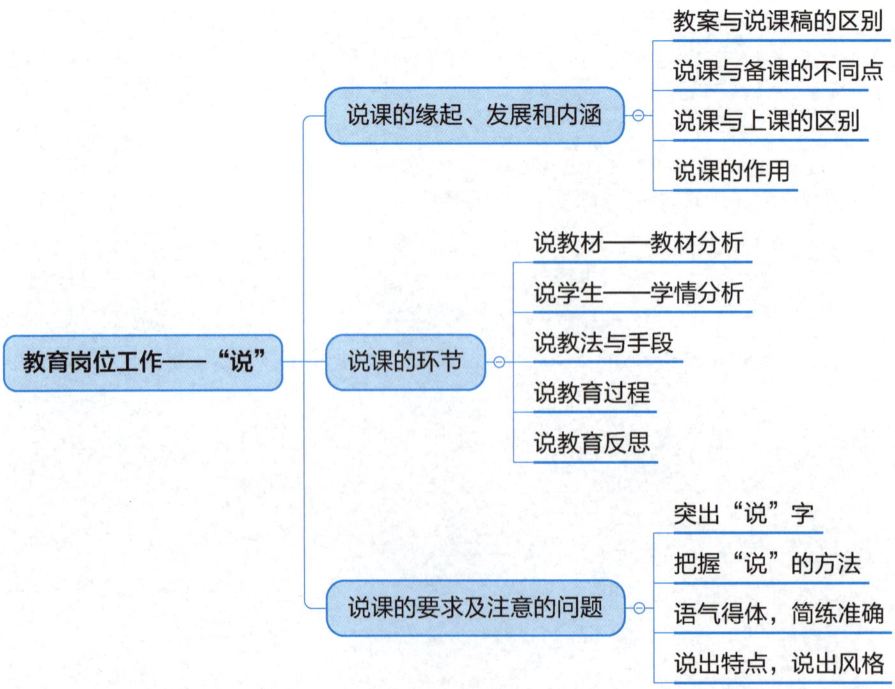

学习任务单

任务分析

表 2-3-1 任务清单

本小节任务清单	岗	课	赛	证
1. 每一位同学针对已完成的教育设计进行说课稿的撰写并进行说课课件的制作	√	√		
2. 以小组为单位，推选出一名同学说课，其余组员配合准备，然后进行课堂的说课点评	√	√	√	√

任务要求

1. 说课稿要结构完整，中心明确，详略得当；有头有尾，首尾圆合；过渡衔接，顺畅自然。
2. 说课活动准备充分、环节紧凑、有问有讲，有读有说，用生动的语言将听者带入到课堂教育中去。
3. 在设计与组织实施说课活动中体现资源整合的能力。

任务成果

表 2-3-2 任务成果

任 务	任 务 清 单	成 果 建 议
任务一	说课稿	结构完整，中心明确，详略得当；有头有尾，首尾圆合；过渡衔接顺畅自然
任务二	说课	展示完整的说课活动

任务达标

表 2-3-3 任务评分

	6 分以下	6~7 分	8~9 分	10 分	自评分	组内互评
任务一						
任务二						

一、说课的缘起、发展和内涵

说课没有教育学上的统一概念，说课就是将自己对教情、学情、教法、学法的理解和教育过程及设计意图用口头语言表述给别人的过程。说课不同于讲课的实践操作，也不同于单纯的理论研究，它兼具两者的特点。

讲课是教师最重要的基本功，是“做”的环节，是真正的教育实践环节。说课则是“说”的环节，是对“做”的环节的理论说明，侧重于检测教师对教材、学生、教法、学法的熟悉程度。这样来看，说课被重视是很有道理的，这样的做法既要求教师能“做”，还要求教师会“说”，理论与实践并重。就具体的实践应用效果来看，说课有着重要的作用，一是说课遏制了教师盲目抄袭成品教案的现象，二是也对督促教师重视教研、加强理论学习起到了督促作用，三是说课省时、高效、方便，四是说课不但能检测教师的基本功，还能检测教师的理论水平。

“说课”是在备课的基础上，面对同行或专家领导，在规定的时间内，针对具体课题，采用讲述为主的方式，系统地分析教材和学生等，并阐述自己的教育设想及理论依据。时间一般为 10～15 分钟。

1. 教案与说课稿的区别

教案是课堂教育的设计，是教育内容、过程、步骤、方法的具体安排，是课堂教育的依据。

说课稿是说课的依据，是阐述教育思想、教育设计意图、教法、学法及其理论依据的总结报告。

2. 说课与备课的不同点

概念内涵不同：说课属于教研活动；备课属于教育活动。

对象不同：说课是对其他教师，说明自己为什么要这样备课；备课是面对学生去上课。

目的不同：说课是帮助教师认识备课规律，提高备课能力；备课是教师搞好教育设计，优化教育过程，提高课堂效率。

活动形式不同：说课是集体进行的动态的教育备课活动；备课是教师个体进行的静态的教育活动。

基本要求不同：说课教师要说出设计依据是什么；备课是在于实用，只需要写出做什么、怎么做就行。

3. 说课与上课的区别

表 2-3-4　说课与上课的区别

差异项目	说　课	上　课
目的不同	提高教师知识水平与教学能力	全面提高学生整体素质
形式不同	执教者以教师为对象，是面对教师的一项单边活动	执教者以学生为对象，是面对学生的一种双边活动
内容不同	运用教材及相关教育科学理论	运用教材
评价不同	以教师整体素质作为评价的标准	以学生的学习效果为评价标准

4. 说课的作用

(1) 有利于提高教师素质；

(2) 有利于理论联系实际与实践；

(3) 有利于营造教研气氛；

(4) 教师参评各种比赛的需要；

(5) 教师历练自己，专业成长的需要。

二、说课的环节

1. 说教材——教材分析(1～2 分钟)

(1) 说教材的地位作用。要说明《托育机构保育指导大纲(试行)》《幼儿园教育指导纲要(试行)》对所教内容的要求，脱离《大纲》《纲要》的说课那就是无本之木、无源之水，会给人一种虚无缥缈的感觉。还有说明所教教育内容在促进婴幼儿身心发展方面的地位、作用和意义，说明教材编写的思路与结构特点。

(2) 说教育目标的确定。教育活动的目标应是一个整体，知识、技能、情感三个方面互相联系，融为一体。在教育中，既没有离开情感的知识与技能的学习，也没有离开知识与技能的情感。

(3) 说教材的重点难点。教育重点除知识重点外，还包括能力和情感的重点。教育难点，是那些比较抽象、离生活较远或过程比较复杂，使学生难以理解和掌握的知识。还要具体分析教育难点和教育重点之间的关系。

2. 说学生——学情分析(30 秒左右)

学情分析就是分析教育对象。因为学生是学习的主体，因此教师说课必须说清楚学生情况。这部分内容可以单列，也可以插在说教材部分里一起说。

(1) 说学生的知识经验。这里要说明学生学习新知识前所具有的基础知识和生活经验，这种知识经验对学习新知识产生什么样的影响。

(2) 说学生的技能态度。就是分析学生掌握学习内容所必须具备的学习技巧，以及是否具备学习新知识所必须掌握的技能和态度。

(3) 说学生的特点风格。说明学生年龄特点，以及由于身体和智力的个别差异所形成的学习方式与风格。

3. 说教法与手段(1～2 分钟)

就是说出选用什么样的教育方法和采取什么样的教育手段，以及采用这些教育方法和手段的理论依据是什么。

(1) 说教法组合及其依据。教法的组合，一是要考虑能否取得最佳效果，二是要考虑师生的劳动付出是否体现了最优化原则。一般一节课以一二种教育方法为主，穿插渗透其他教法。说教法组合的依据，要从教育目标、教材编排形式、学生知识基础与年龄特征、教师的自身特点以及学校设备条件等方面说明。因为教育过程是教与学的统一过程，这个过程必须是教法和学法同步的过程，因此教师在说课时还要说明怎样教会学生学习的方法和规律。

(2) 说教育手段及其依据。教育手段是指教育工具(含传统教具、课件、多媒体、计算机网络等)的选择及其使用方法，要尽可能使用现代化的教育手段。教具的选择一是忌多，使用过频，使课堂教育变成教具或课件的展览；二是忌教育手段过于简单，不能反映学科特点；三忌教育手段流于形式。还需说明是怎样依据教育目标、教材内容、学生的年龄特征、学校设备条件、教具的功能等来选择教育手段的。

4. 说教育过程(6 分钟左右)

说教育程序就是介绍教育过程设计，这是说课的重点部分。因为只有通过这一过程的分析才能看到说课者独具匠心的教育安排，它反映了教师的教育思想、教育个性与风格。也只有通过对教育过程设计的阐述，才能看到教育安排是否合理、科学和艺术。教育过程通常要说清楚下面几个问题：

(1) 说教育思路的设计及其依据。教育思路主要包括各教育环节的顺序安排及师生双边活动的安排。教育思路要层次分明，富有启发性，能体现教师的主导作用和学生的主体作用。还要说明教育思路设计的理论依据。

(2) 说教育重点、难点的处理。教师高超的教育技艺体现在突出重点、突破难点上，这是教师在教育活动中投入的精力最大、付出的劳动最多的方面，也是教师的教育深度和教育水平的标志。因此教师在说课时，必须有重点地说明突出教育重点，突破教育难点的基本策略。也就是要从知识结构、教育要素的优化、习题的选择和思维训练、教育方法和教育媒体的选用、反馈信息的处理和强化等方面去说明突出重点的步骤、方法和形式。

注意：板书设计。板书设计一定要有，边说边写。板书类型可以是纲目式、表解式、图解式等。板书设计要注意知识科学性、系统性与简洁性，文字要准确、简洁。可分主板书和副板书。

5. 说教育反思(30 秒左右)

教育反思，是教师通过对其教育活动进行的理性观察与矫正，从而提高其教育能力的活动，是一种分析教育技能的技术。教育反思是教师提高个人业务水平的一种有效手段。说反思主要是说整个教育设计的一些创新之处，也可以说在整个教育设计当中一些比较困惑的地方。

三、说课的要求及注意的问题

1. 突出“说”字

说课不等于备课，不能照教案读；说课不等于讲课，不能视听课对象为学生去说；说课不等于背课，不能按教案只字不漏地背；说课不等于读课，不能拿事先写好的说课稿去读。说课时，要抓住一节课的基本环节去说，说思路、说方法、说过程、说内容、说学生，紧紧围绕一个“说”字，突出说课特点，完成说课进程。

2. 把握“说”的方法

说课的方法很多，应该因人制宜，因教材施说。可以说物、说理、说实验、说演变、说本质、说事实、说规律、正面说、反面说，但一定要沿着教育法思路这一主线说，以防跑偏。

3. 语气得体，简练准确

说课时，不但要精神饱满，而且要充满激情。要使听课者首先从表象上感受到说课者对说好课的自信和能力，从而感染听者，引起听者的共鸣。

案例分析1

大班幼儿健康教育活动“会动的关节”说课稿

说课的语言应具有较强的针对性。说课面对的是教师同行，语言表达应简练干脆，避免拘谨，力求有声有色，灵活多变，前后整体要连贯紧凑，过渡要流畅自然。

4. 说出特点，说出风格

说课的对象不是学生，而是教师同行。所以说课时不宜把每个过程说得过于详细，应重点说出如何实施教育过程、如何引导学生理解概念、掌握规律的方法，说出培养学生学习能力与提高教育效果的途径。说课要重理性，讲课注重感性和实践，因此，用极有限的时间完成说课内容不容易，必须做到详略得当、简繁适宜。说得太详太繁，时间不允许，也没必要；说得过略过简，说不出基本内容，听众无法接受。

案例分析2

大班幼儿韵律活动“嘀哩嘀哩”说课稿

那么，如何把握说的“度”呢？最主要的一点是因地制宜，灵活选择说法，把课说活，说出该课的特色，把课说得有条有理、有理有法、有法有效，说得生动有趣；其次是发挥个人的特长，说出个人的风格，这就把握了说课的度。

给未来老师的工作建议

说课，不同于一般的发言稿和教育活动，它要求教师更为系统地介绍自己的活动设计及其理论依据，而不是宣讲教案，也不是活动的浓缩。它的核心在于说理，在于说清为什么要这样教，重点则在于活动重点和难点的突破上。在说课过程中，要注意把握以下几点：

第一，使用普通话。全社会都在大力推广使用普通话，作为教师，要一马当先，在说课过程中使用普通话。

第二，充满激情，慷慨自然。说课时，要充满激情，慷慨自然，要使听者能够从表象上就感受教师的自信与大方，从而感染听者，引起共鸣。

第三，紧凑连贯，简练准确。说课的语言应具有较强的针对性，语言表达要简练干脆、有声有色、灵活多变，前后连贯紧凑，过渡流畅自然。

第四，自然而有效地使用媒体。在说课时，要注意将现代化的电教器材组合在说课的主体里，来刺激听者，使说课更加生动，从而取得最佳效果。

课后加油站

推荐课后阅读

《0—3岁婴幼儿发展与回应式课程设计：在关系中学习》（[美]唐纳·S. 威特莫等著，王玲艳等译）

《与0—3岁婴幼儿一起学习：支持主动的意义建构者》（[美]玛丽·简·马圭尔-方著，罗丽译）

思政园地

中国传统文化融入婴幼儿照护的方法及意义

1. 建设美好的人文环境，熏陶婴幼儿心灵

婴幼儿的教学环境是一个潜在的教育因素，而良好的教学环境有助于教育目标的实现。我们应当重视教学环境的布置，将我国传统文化元素融入机构园所的每一个角落，在无形中对婴幼儿进行传统文化的教育，通过良好的环境氛围熏陶婴幼儿的心灵，促进婴幼儿的健康成长。

2. 诵读经典，传承文明

读经典、诵经典、学经典，目的不是让婴幼儿背诵古典课文，而是让婴幼儿了解古典思想，熟悉人文历史，传承中华民族的古典文明，使婴幼儿从小成为一个知书、懂礼、行孝、感恩、文明的人。

3. 解读经典，传承礼仪

自古以来，我国就是礼仪之邦，有很多传统美德，讲文明、懂礼貌就是其中的一种美德。根据婴幼儿不同的年龄发展特点，婴幼儿教师要对婴幼儿进行文明礼仪教育，将婴幼儿培养为讲文明、懂礼貌的好孩子。在教学实践中，教师通过对古典故事和经典文献的讲解，用浅显易懂的方式传达给学生们，同时以身示范，言传身教。

4. 讲述名人故事，促进婴幼儿身心的健康发展

我国的传统文化包含丰富而深刻的社会内容，散发璀璨的思想光芒。教师在日常的传统文化课堂中，通过讲述名人故事，生动而又形象地表述古人的智慧和思想，从而促进婴幼儿身心的健康成长。

任务总结

本任务从早教、托育机构教师在现实工作中必备的岗位技能入手，重点学习说课的概念及特点，说课的基本方法和技巧，从而学会针对 0～6 岁婴幼儿的教育活动进行说课，包括说课稿的撰写、说课课件的制作。在这一过程中树立正确的育儿观及教师观，为后续知识和技能的学习打下扎实的基础。

任务拓展

谈谈说课的意义。

任务四 教育岗位工作——“授”

学习情境

教育活动是早教、托育机构教育的基本形式。不同于中小学上课，它面对的是0～3岁的婴幼儿，这时期的婴幼儿求知欲旺盛，对周围的事物表现出强烈的兴趣，好奇、好问、好动、好模仿、好游戏是他们的特点。但由于婴幼儿年龄小，活动能力有限，还不能很好地控制自己，掌握自己的行为。他们的学习没有目的性，只是凭兴趣，觉得好玩就听，不好玩就不听也不看，所以很多教师都会觉得早教、托育机构的课不好上。同样一节课，教师们组织的方式各有不同。什么样的课才称得上是一节好课呢？一起来学习本节内容。

图2-4-1 托育园教育活动图示例

学习目标

知识目标

1. 掌握婴幼儿教师在授课时的五大技能，并能综合运用这五大技能。
2. 领会婴幼儿教育活动的注意事项，并能运用到实际的教育活动中。

能力目标

1. 能完成讲课稿的编写并能按照自己的教育设计进行授课。
2. 训练在授课环节中的应变能力，做好职前培养工作。

素质目标

1. 提高创新意识，培养教师开展教育活动的能力，做好职前培养工作。
2. 通过岗位工作中的教育活动深刻理解如何成为有理想信念、有道德情操、有扎实学识、有仁爱之心的“四有”好老师。

学习导图

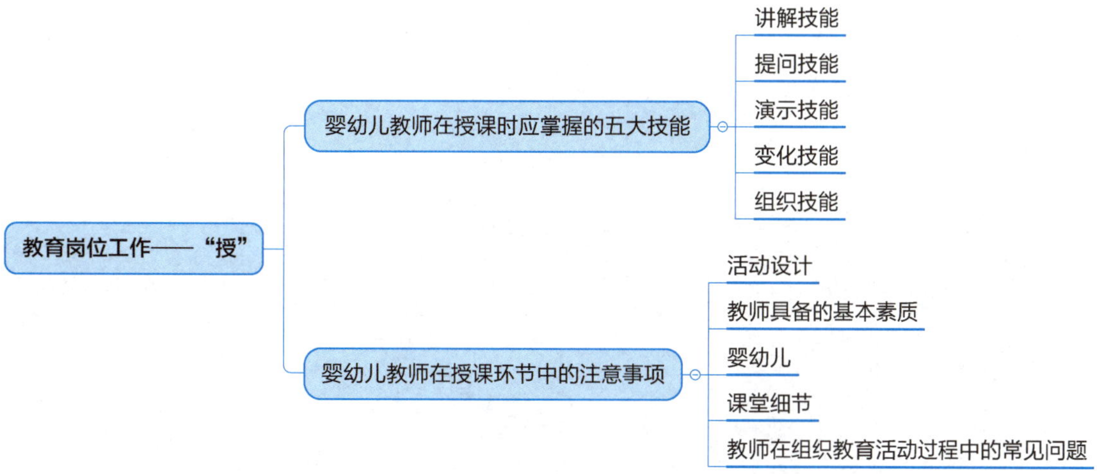

学习任务单

任务分析

表 2-4-1 任务清单

本小节任务清单	岗	课	赛	证
根据教育设计进行无生授课，并提交视频，开展自评、学生互评	√	√		
根据教育设计进行有生授课，开展自评、学生互评	√	√	√	√

任务要求

1. 讲授要主题明确、逻辑清晰、准备充分、环节紧凑、互动良好，能有效达成活动目标。
2. 在有生授课中能处理教育中的突发事件。

任务成果

表 2-4-2 任务成果

任 务	任务清单	成果建议
任务一	无生授课	主题明确、逻辑清晰、准备充分、环节紧凑、互动良好，能有效达成活动目标
任务二	有生授课	主题明确、逻辑清晰、准备充分、环节紧凑、互动良好，能有效达成活动目标，能处理教育中的突发事件

任务达标

表 2-4-3 任务评分

	6 分以下	6～7 分	8～9 分	10 分	自评分	组内互评
任务一						
任务二						

要上好课除了做好教育设计、写好教案以外，还要学会如何把这个教育设计用自己的语言表达出来。面对相同的教育设计，不同教师的教育效果会不一样，以下将介绍主要授课技能，希望教师们能给婴幼儿一个真实、自然、简单的教育活动。

婴幼儿教师在授课时应掌握以下五大技能。

一、讲解技能

讲解也叫讲授，是用语言传授知识、进行道德教育的一种行为方式，省时、省力、省钱。讲解是语言的一种高级反映，是重要的教育技能。

(一) 分类及作用

(1) 解释式讲解：也叫说明式讲解，解释某种现象，介绍某个概念，传授某一知识时，联系婴幼儿已有的生活经验，使婴幼儿更全面地了解事物的特征，更深入地理解事物的概念，更牢固地记忆知识，更科学地训练婴幼儿思维的一种讲解方式。

(2) 描述式讲解：也叫记述式的讲解，在描述人物特征、景物特征、叙述人物发生发展变化的过程中，用生动形象的语言，为婴幼儿描述一个具体完整的形象或一个循序渐进的过程的语言讲解类型。例如，介绍“长颈鹿”“国徽”等的特征，叙述小蝌蚪变小青蛙的过程时，就可以采用描述式讲解。

(二) 应用要点

(1) 目的明确、主题突出。

(2) 准备充分、生动流畅。

(3) 条理清楚、层次分明。

(4) 方法多样、生动活泼。

(三) 实操训练

(1) 引入：用简洁的语言引起婴幼儿对所讲内容的注意，并自然地引出所讲内容。常用方法：谜语、手偶、道具等。

(2) 主体：讲解具体内容时语言生动流畅，讲解内容清楚明确，以传授知识为主。

(3) 总结：概括所讲内容，用概括的语言点明主题，巩固婴幼儿认识。运用场景：各种节日的来历、解释家禽家畜的概念等。

(四) 评价标准

(1) 讲解用语正确，使用普通话，语言生动具体，有感染力。

(2) 讲解内容丰富，能为婴幼儿提供多种改进材料。

(3) 讲解方法灵活，能与其他教育手段相配合。

(4) 讲解时能随时观察婴幼儿反应，能不断鼓励婴幼儿积极参与。

二、提问技能

提问是通过师生的问答，检查学习的效果，促进思维活动，实现教育目标的一种主要方式。

(一) 分类及作用

(1) 回忆提问：要求婴幼儿回忆所听所记内容，通过回忆提问，可以强化婴幼儿的记忆。回忆提问广泛运用于各科教育的初级阶段。

(2) 理解提问：要求婴幼儿理解提问内容，用自己的语言对事实事件进行描述，并能掌握中心思想是抓住问题本质的一种提问方式。理解提问是较高级的提问，广泛运用于各科教育的深入阶段。

(3) 运用提问:指让婴幼儿用所学的知识来解决新问题的提问,要求婴幼儿深入理解,可以发展婴幼儿的思维能力、创造能力,是一种典型的提问。三种提问有各自的特点,但都是由浅入深。

(二) 应用要点

(1) 目的明确,紧扣主题。

(2) 形式多样,参与性强。

(3) 适当停顿,便于思考。

(4) 关心婴幼儿反应,及时强化。

(三) 实操训练

(1) 引入:让婴幼儿有心理准备。

(2) 陈述:做必要的说明。

(3) 介入:婴幼儿不能准确回答时,用不同的方式启发婴幼儿。

(4) 评价:用不同方式处理婴幼儿回答。

(四) 评价标准

(1) 问题有启发性,能引导婴幼儿思考。

(2) 问题设计有多种类型,适合不同发展水平的需要。

(3) 提问后有适当停顿,给予足够的思考时间。

(4) 提问面广,能照顾全体婴幼儿参与。

三、演示技能

演示指教师通过操作教具和演示动作,向婴幼儿展示事物发展变化过程,或为婴幼儿提供模仿榜样的一种行为方式。

(一) 分类及作用

(1) 教具演示:指通过演示教具,向婴幼儿展示知识,发展智力的一种方式,包括实物、图片、音像三种演示类型。实物演示适用于常识教育,图片演示是教育中最常使用的方式,音像演示能带给婴幼儿图文并茂的视觉感受。

(2) 声音演示:教师运用声音的高低、语速的快慢向婴幼儿提供模仿榜样的一种演示类型。

① 示范朗诵:教师运用语调的抑扬顿挫、音量的强弱大小、语音的长短轻重、语速的快慢,展示文学作品内容,为婴幼儿提供朗诵榜样的一种方式。

② 示范演唱:音乐教育中为婴幼儿范唱歌曲的一种行为方式。

(3) 动作演示:教育中,为了让婴幼儿掌握一定的动作顺序,明确动作的难点、重点,老师演示示范动作过程。

(二) 应用要点

(1) 演示要突出重点,目的性强。

(2) 演示物要生动形象、吸引婴幼儿。

(3) 演示与语言讲解相结合。

(三) 实操训练

(1) 心理准备。

(2) 出示媒体或者选择示范的位置。

(3) 介绍媒体或者动作,作简要说明。

(4) 指导观察。

(5) 提示要点。

(6) 核查理解。

(四) 评价标准

(1) 演示前对演示内容的交代清楚明确。

(2) 演示过程规范准确,便于婴幼儿观察。

(3) 演示示范与讲解、说明、提示相结合,效果明确。

(4) 演示示范的方法灵活,适合不同婴幼儿发展水平。

四、变化技能

指教师在教育过程中,处理信息传递,师生相互作用,以及各种教育媒体、资料转换的行为方式。变化对婴幼儿产生刺激,引起婴幼儿兴趣,从无意注意过渡到有意注意,可以使教育充满生机,体现教师的个性及魅力。

(一) 分类及作用

1. 教态的变化

教态变化是指教师说话的声音、表情及身体动作等的变化。这些变化是教师教学热情、教学责任心的具体体现。教态的变化是最基本、最常用的变化技能。

(1) 声音的变化包括语调、音量、节奏和语速的变化。这些变化对吸引婴幼儿的注意力有显著效果,可使教师的讲述更加生动、富有感染力。还可以突出重点、引起重视、加深印象。

(2) 表情与动作的变化是人的非语言的面部表情和身体动作,又称为体态语,它可以传递丰富的信息。如目光接触可以表达教师对婴幼儿的期待、鼓励、唤醒、探询、肯定、赞许等情感,从目光接触中教师还可以获取信息,了解婴幼儿的兴趣和理解程度。在教学中,教师的体态语变化也可起到重要的作用。

(3) 身体位置的变化是教师在讲课时身体位置的移动,大体有两种情况:一种是在讲台上适当地走动,引导婴幼儿看到黑板的各个部分;另一种是在婴幼儿活动时,在婴幼儿中间走动,这样可以缩短与婴幼儿的空间距离,使婴幼儿在心理上感到和教师接近。教师走动要轻而缓,姿态大方自然,以不分散婴幼儿的注意力为宜。

(4) 停顿在特定的情况下传递着一定的信息。教学时,教师采用停顿是集中注意力或引起思考的一种有效方式。停顿的时间可长可短,一般以不超过 5 秒钟为宜,恰当地运用停顿并与声音变化结合起来,会使人感到讲课具有节奏感而不觉得枯燥。

在教学中,教师的教态变化往往是声音的变化、表情与动作的变化、身体位置的变化等变化的综合应用。

2. 教学媒体的变化

教学媒体是指在教与学的活动过程中所采用的媒体,教学媒体是多种多样的,教师要能根据教学的需要运用不同的教学媒体。

(1) 视觉通道和视觉教学媒体是多种多样的,有板书、图表、照片、幻灯片、模型、实物、演示实验、视频等。视觉媒体具有直观、形象、生动的特点,很能吸引婴幼儿的注意力,激发其兴趣。当然,只使用视觉媒体,或仅使用一种视觉媒体,容易使婴幼儿感到疲劳,应注意科学合理地变化。

(2) 听觉通道和媒体听觉通道传递教学信息的效率虽不如视觉高,但能为婴幼儿思考、想象留有余地。当前使用的许多教学媒体都是视听结合的,在教学中将一些视听媒体与教师的讲解、提问交替使用是完成教学任务的主要方式。

3. 教师与婴幼儿相互作用的变化

在教学过程中进行着一系列活动，每个活动都可能以教师与全体婴幼儿、教师与个别婴幼儿、婴幼儿与婴幼儿之间相互作用的方式进行。相互作用的变化主要有交流方式的变化和活动方式的变化，相互作用的变化可以促进婴幼儿的学习。在活动中，教师应采用多种方式与婴幼儿交流，如让婴幼儿回答问题、发表意见、提出疑问等，都是为了解婴幼儿的想法和活动存在的问题。

（二）应用要点

（1）要有明确的目的。

（2）要有针对性。

（3）要把握分寸。

（4）计划和灵活运用相结合。

（三）实操训练

（1）通过语调、音量、节奏和语速的变化，吸引婴幼儿的注意力。

（2）视听媒体与教师的讲解、提问交替使用。

（3）师幼间交流方式的变化和活动方式的变化。

（四）评价标准

（1）在运用眼神交流时，目光要亲切、自然、坦诚，注视时间要适当，注视的位置要得体，注视的方向要合宜。

（2）在活动中采取的主要变化方式要在课前做好计划，但有时还需要根据课上的具体情况，及时、灵活、自然地运用变化技能。

五、组织技能

（一）分类和作用

1. 管理性的组织

管理性的组织是指教师在教育过程中，维持教育秩序、激发学习兴趣、营造良好教育活动氛围的一种行为方式，主要目的是规范婴幼儿的学习行为，它是在尊重婴幼儿人格基础上的一种约束。

2. 指导性的组织

指导性的组织指教师指导婴幼儿学习过程，帮助婴幼儿建构知识体系，促进婴幼儿身心和谐发展的一种行为方式。

（1）学科课程的指导，主要是以学科知识体系为线索，由浅入深地向婴幼儿传授知识、开发智力的一种组织形式。目的是使婴幼儿在较短的时间内获得更多的知识。

（2）综合课程的指导，以学科教育为基础，围绕一个主题，综合多方面知识内容让婴幼儿受到各方面教育、促使婴幼儿全面发展的一种组织形式。

（3）活动课程的指导，是以婴幼儿为主体、在活动中学习的一种教育组织形式。

3. 引导性的组织

在教育过程中，教师用亲切和充满感情的语言，鼓励婴幼儿参与教育过程，用生动有趣并富有启发性的语言，引导婴幼儿积极思考，从而顺利完成教育任务的辅助教育方式。

（二）应用要点

（1）明确目的，形成积极的学习态度。

(2) 尊重婴幼儿,养成良好的学习习惯。

(3) 面向全体,教育活动气氛活跃。

(4) 灵活应变,促进全面发展。

(三) 实操训练

(1) 引导注意,激发婴幼儿学习兴趣。

(2) 明确目标,指导婴幼儿学习方向。

(3) 发展能力,稳固婴幼儿已有认知。

(四) 评论标准

(1) 教师的心态平和,耐心公正。

(2) 组织引导的方法适合,富于变化。

(3) 教师能根据不同变化,随时变化自己的角色因势利导。

(4) 要求详细,形成常规动作。

附:婴幼儿教师在授课环节中的注意事项

一、教师的课堂礼仪

(一) 让自己的眼神成为叩开婴幼儿心灵的钥匙

(1) 关怀:加强目光巡视,消除“活动死角”,让每个婴幼儿都感觉你在注意他/她。

(2) 赞许:婴幼儿课堂表现好,要用赞许的目光肯定他/她。

(3) 制止:用目光给予信号,防止婴幼儿分散注意力,或嬉笑打闹。

(4) 鼓励:提问和活动讨论时,对不同的情形采取不同的目光交流,对有进步的婴幼儿要及时鼓励。

(5) 批评:婴幼儿不遵守纪律,交头接耳,教师要用眼神批评。

(二) 正确称呼婴幼儿

对婴幼儿称呼时要注意以下几点:

(1) 要真诚地叫响每个婴幼儿的名字,这是对每个孩子的尊重,他/她能感受到来自老师的关爱。

(2) 不要叫婴幼儿的绰号,但可以叫昵称,绰号大多带有主观偏见,叫昵称可以拉近与婴幼儿的距离。

(3) 忘记婴幼儿姓名时的补救方法,可以直接叫小宝贝、小可爱等。

(三) 教师课堂语言的组织

(1) 用甜美的语调给婴幼儿上课。在教育中要有慈母般温柔的表情、声调,能有效地激发起婴幼儿的内心体验,让婴幼儿在轻松、愉快的气氛中获得知识。教师要焕发童心,进入角色,用亲切、自然的表情和语言让婴幼儿感受天真烂漫之情。语调要注意舒缓有致,语气要注意柔和。

(2) 要注意上课时使用的导语。巧妙自然、神秘的导语,会让婴幼儿在教师的引领下自然融入活动之中,起到引人入胜的作用。

(3) 力求逻辑性,克服随意化。教师在使用语言时必须使其内容符合事物的客观规律,必须根据思维的逻辑准确运用概念,避免前后矛盾的话。例如,有的老师表扬婴幼儿时喜欢说:“今天表现最好的有某某、某某、某某……”其实,一个“最”字表达的是独一无二的意思,但教师却随意地在“最好的”

后面说出了好多个人。这种看似微不足道的小错误,时间一长也会对婴幼儿产生影响。因此,我们在使用语言时应谨慎,力求逻辑性,避免出现因随意而犯的错误。

(4) 尊重婴幼儿。婴幼儿年龄虽小,但他们也都有很强的自尊心。教师说话时若稍不注意就有可能伤害婴幼儿的自尊心,给婴幼儿的心灵或多或少地带来一些消极的影响。

(5) 平等交流。在以往的教育中,我们常常会说这样的话,“请站好”“请你跟我这样做”,等等。在这里教师是作为指挥者的身份出现的,而这样说“我们一起来排排队”“是不是这样做”表达的意思相近,但能体现师幼之间是平等的。

《纲要》中对教师角色进行了重新定位,倡导“教师应成为婴幼儿学习活动的支持者、合作者、引导者”。即要求视婴幼儿为平等的合作伙伴。教师要经常以商量的口吻和讨论的方式指导婴幼儿的活动,支持婴幼儿的探索。

(6) 教师的语言应具有激励性。鼓励和支持是婴幼儿学习和发展的重要前提,当婴幼儿遇到问题不能正确解决,感到灰心与无望时,教师就要帮助婴幼儿,用积极的语言引导婴幼儿去探索。

如在进行精细活动时,经常会有婴幼儿不敢自己动手操作,总想依赖教师,这时教师就可以说:“你去尝试一下,失败了也没关系呀”“你试试看”“这件事应该难不倒你的”等这样的语言来激励婴幼儿,这些语言对即将失去信心的婴幼儿来说,无疑是一种支持性的力量,可以成为其解决问题的动力,坚定完成任务的信心。当婴幼儿有自己的发现和看法时,教师也应及时鼓励,不要吝啬“嗯,真不错”“你真行”“你的想法很特别”等这样的语言,因为这些语言能给婴幼儿极大的鼓舞并能激发他们进一步表现的欲望。

(7) 教师的语言应儿歌化。如,婴幼儿自理能力比较差,经常将鞋子穿反,在教婴幼儿穿鞋子分清左右脚时,教师不要用枯燥的说教,而是告诉婴幼儿:“左边的鞋是鞋爸爸,右边的鞋是鞋妈妈,爸爸和妈妈一对好朋友,永远不吵架。”在教婴幼儿叠衣服时,告诉婴幼儿:“扣子找扣眼,袖子找袖子,衣服弯弯腰,帽儿点点头。”这些节奏明快、朗朗上口的儿歌使婴幼儿在充满童趣的氛围中轻松自然地学会了穿鞋子、叠衣服等本领,不仅提高了自理能力和审美能力,而且陶冶了婴幼儿的情操。

(四) 手势语的巧妙运用

(1) 指示手语。指示手语是指婴幼儿年龄小,对许多课堂行为规范尚不了解,需要教师使用一些恰当的、固定的指示手语作为辅助,如果只凭教师的语言描述,是很难在短时期内让婴幼儿记住的。比如:当教师在提问时总是辅以举手的手势,那么经过一段时间后,婴幼儿便对教师“举手”这一手势语非常了解,出现这个动作时就会很自然地作出“举手发言”的反应。

(2) 情感手语。情感手语是指教育过程中根据教育情景和氛围的需要,用以表达情感的手势语言,如:当婴幼儿答对问题后,教师竖起大拇指,他会感到教师对他的赞赏,因而回答问题的积极性会大大增加。情感手语是根据教育的实际需要而运用的,事前没有设计,因此,情感手语具有及时、适度的特点。

(3) 形象手语。形象手语指教师根据教育目的、内容的需要而运用的直观形象的手势语言。形象手语一般用在讲解重点或突破难点时,为实现教育目标服务。符合婴幼儿年龄特点的形象手语是早教、托育机构教育的有效手段。

二、教师在组织教育活动过程中的常见问题

（一）语言的规范使用

1. 不同情景需要语言状态的转换

（1）教育语言：组织实施开展教育活动时使用的语言，要求做到简洁、准确的表述，涉及专业术语的，不可增加过多的形容描述或联想创造。例如："这是一个圆形的盘子"，而非"这是一个像月亮的东西，可以用来装东西"。

（2）情景语言：配合教育活动组织实施开展时为增强氛围、感受场景、体验情感而使用的语言。需情绪饱满，语言生动有层次感、富有感染性和带动性。例如：绘本分享时多角色、场景转换、人物性格的塑造等可使用不同的情景语言。

（3）指导语言：向婴幼儿带养人沟通反馈婴幼儿各类情况并指导带养人开展科学育儿或进行家庭教育时使用的语言。沟通指导时用语精练，把专业术语用通俗易懂的语言或举例的方式为婴幼儿家长说明婴幼儿情况并给予建议，开展科学育儿指导和家庭教育指导，语言思维逻辑清晰，沟通前确保沟通内容的准确性，重点明确。

2. 语言的统一性

（1）教师在组织活动实施开展过程中存在语言的前后不统一性，例如：球、小球、足球、小球球、红色的球；爸爸、父亲、老爸；时而称呼婴幼儿学名，时而称呼婴幼儿小名，这样容易使婴幼儿思维混乱。

（2）教师在组织活动实施开展过程中方言口语化的表达，例如："你上来瞧瞧嘛""把你的杯杯送过来"等。与婴幼儿沟通时使用大量未结合婴幼儿身心发展，理解认知特点的词汇进行描述，例如："珠穆朗玛峰是全球海拔第一高峰"，可调整为"珠穆朗玛峰是世界上最高的山"。

（二）互动方式存在的问题

1. 忽略型

为保证活动秩序不受影响，当婴幼儿与教师进行互动时，教师以忽略或搪塞婴幼儿的方式予以回应，继续完成既定的活动内容，或只顾完成活动组织而忽略环境中的安全、秩序等。

2. 答非所问型

由于个人知识量储备不足或未充分理解婴幼儿互动的内容而造成的活动实施组织或实施过程中的答非所问，甚至予以婴幼儿基础概念性的错误引导。例如：蓝、绿孔雀不分，亚洲象、非洲象不分，称呼鲸为鲸鱼等常识性的错误。

3. 过度延展型

活动组织实施开展过程中与婴幼儿有良好的互动，并大量展开联想、创造拓展，造成活动重点不突出，从而失去活动目标。

4. 配班不参与或参与度低型

配班未参加到活动组织开展中去，不协助维持秩序，不与主班形成良好的互动、举例、示范，或只参与维持秩序，而忽略作为主班和幼儿间穿针引线的关键作用。

5. 与婴幼儿互动无原则型

大量邀请在教师附近、教师个人喜欢、急于表现的婴幼儿进行互动，或无原则、无规律地邀请幼儿互动，让其他婴幼儿失去互动的机会。

（三）个人状态存在的问题

（1）注意自己的情绪，活动组织实施前未能处理好个人情绪，将过于激动或负面的情绪带入活动实施开展中；面无表情、热情过火、面部表情与声音或实际场景不匹配等问题。教态要亲切、自然、大方，语言要生动简练、语速适中、并注意与婴幼儿进行沟通和交流。加强对婴幼儿的常规管理，恰当运用表扬和鼓励，不放纵婴幼儿的不良行为，并及时、巧妙地进行制止。

（2）注意自己的言谈举止，在日常生活中教师有些姿势无形中会拉大与婴幼儿间的距离，如：抱胸、指手指、拉婴幼儿的衣服、瞪眼睛、双手叉腰、背手……

（3）开展个性化活动，每个人都是独特的自我，要善于分析自己，我的强项是什么？我的专长是什么？我是善于创设情景呢还是善于语言的循循诱导？然后进行有针对性的学习锻炼，逐渐形成自己的教育特色、教育个性。模仿并非是自身专业成长的捷径，借鉴＋反思才是聪明之举。

一节好课，不仅与婴幼儿的生活经验有关，也与婴幼儿教师的教育水平密不可分，需要教师从多方面、多角度、多层次上下功夫。在日常教育活动中，要不断反思，不断探讨，琢磨出适合自己的教育之路，使自己所上的每一节活动课都是好课！

案例分析：观看教育活动视频，分析教研活动中所使用的教学技能及存在的问题。

视频 大运动　视频 小肌肉训练　视频 语汇练习　视频 二字文　视频 品德课　视频 数学课

给未来老师的工作建议

婴幼儿教师上课提问技巧：

（1）提问必须有针对性和启发性；

（2）提问的语言适合婴幼儿的年龄特点；

（3）问题设计必须遵循婴幼儿的认知规律，循序渐进；

（4）提问必须遵循婴幼儿的个体差异；

（5）提问方式要灵活多样。

课后加油站

推荐课后阅读

《0—3岁婴幼儿发展适宜性实践》（[美]卡罗尔·科普尔等编著，洪秀敏等译）

《0—3岁婴幼儿活动方案：陪孩子一起成长的游戏书》（[美]萨莉·戈德堡著，贾晨、李靓、陈卫译）

《婴幼儿教师与家长沟通和合作的50个策略》（[美]珍妮特·冈萨雷斯-米纳著，洪秀敏、宋佳、赵爽译）

思政园地

加强婴幼儿课程思政建设方案

以游戏化的形式对全体婴幼儿进行常态化的思想品德教育，将思政渗透到婴幼儿教育中。加强婴幼儿课程思政建设方案的设计。

一、将德育渗透于婴幼儿的一日生活

婴幼儿良好的个性品德培养是通过托育机构的全部教育活动实现的，托育机构的一日生活活动，形式多样，内容丰富，是有针对性地对婴幼儿进行良好行为习惯、个性培养、发展个性倾向提供锻炼的好机会。将“学会生活”放到婴幼儿发展的第一位，确定婴幼儿时期在衣、食、住、行等方面应有的良好的生活习惯。根据婴幼儿思维具体形象、感情丰富易激动等特点，注重从情感教育入手，贯彻“学一点就懂一点，懂一点就做一点”的教育方法，力求使教育落到实处。

二、结合特殊活动，抓住德育教育的契机点

例如，开展“爱心奉献福利院”活动，让全园的婴幼儿及家长共同参与到献爱心的活动中，为我们进行德育教育把握住源泉。围绕着“爱心奉献福利院”活动，教师积极动脑产生了许多生成课程，既丰富了德育教育活动，又有助于持之以恒地帮助婴幼儿培养良好的道德品质。

三、课程班本化，尽显德育本色

各班教师可以根据本班婴幼儿的年龄特点和实际发展情况，从不同的角度选择了多式多样的班本化课程，通过自己的特色课程对婴幼儿实施德育教育。“民俗文化”的课程班本化中，德育侧重于培养婴幼儿的民族意识，开展认识国旗国徽、唱国歌，听传统民间故事等特色活动来落实。“生活活动教育化，教育活动生活化”的课程班本化中，通过将生活活动和教育有机地结合，重在培养婴幼儿独立自主性、自信心、劳动观点及态度、勤俭节约、合作谦让、轮流分享等品质。

任务总结

本任务从早教、托育机构教师必备的技能授课入手，重点学习婴幼儿授课的五大技能，以及婴幼儿授课环节中的注意事项。旨在帮助学习者建立对婴幼儿教育活动的全面认知，树立正确的育儿观及教师观，为后续知识和技能的学习打下扎实的基础。

任务拓展

1. 思考在以后的教育活动中怎样用自己的个人魅力来助力课堂活动。
2. 谈谈你对如何上好课的认识。

任务五 教育岗位工作——“思”

学习情境

图 2－5－1 托育园集体教研——教育活动反思

教育活动反思就是教师对自己的教育活动实践，进行全面而深入的冷静思考和总结。它是一种用来提高自身的业务，改进早教/托育实践的学习方式。不断对自己的教育实践深入反思，积极探索，并解决教育实践中的一系列问题，进而充实自己，提高教学水平。

经验＋反思＝教师成长，因此，教师的教学反思被认为是“教师专业发展和自我成长的核心因素”。既然反思如此重要，那么我们可以怎样进行活动反思？应该从哪几个方面进行反思呢？

学习目标

知识目标

理解教育活动反思的作用和意义，掌握反思撰写的方法。

能力目标

能在自己进行教育活动之后，规范撰写活动反思。

素质目标

培养严谨认真的工作态度和持之以恒的工作习惯。

学习导图

- 教育岗位工作——“思”
  - 教育活动反思的方式
    - 反思日记
    - 活动实录
    - 集体教研
    - 观摩分析
    - 网络交流
  - 教育活动反思的内容
    - 亮度和创新
    - 缺点和不足
    - 改进措施
    - 机智和灵感
    - 婴幼儿表现

学习任务单

任务分析

表 2-5-1　任务清单

任　务	任务清单	岗	课	赛	证
任务一	能对他人撰写的教学活动反思进行评价和分析	√	√		
任务二	在自己的教育活动结束后写一则活动反思	√	√	√	√

任务要求

1. 能指出优点和不足之处，能针对不足给出合理化修改意见
2. 从五方面对照要求，尝试以授课人的视角，为教育活动案例写一则教育活动反思

任务成果

表 2-5-2　任务成果

任　务	任务清单	成果建议
任务一	对他人撰写的教学活动反思进行评价和分析	指出优点和不足之处，能针对不足给出合理化修改意见
任务二	在自己的教育活动结束后写一则活动反思	从五方面对照要求

任务达标

表 2-5-3　任务评分

	6 分以下	6~7 分	8~9 分	10 分	自评分	组内互评
任务一						
任务二						

一、教育活动反思有哪些方式

(一) 反思日记

主要通过自我观察、自我监控、自我评价来进行反思，一般以撰写反思日记等方式完成。“每课一思，一周一结，一月一整理”是较为妥当的方式，坚持21天，培养写反思日记习惯；再持续巩固66天，把自省的好习惯固定下来，相信一个学期教师就会看到明显成效。日积月累，归类整理，持之以恒，对教学能力提升大有帮助。

(二) 活动实录反思

把自己的一次或数次教育活动全程录像，再现自己的活动组织过程，让授课者以旁观者的身份观察、分析自己的教育活动，犹如“照镜子，正衣冠”，是教育活动反思中一种较好的手段。录像反映了活动当中最真实最全面的状态，不仅是各环节的展示，对环节过渡的把控及应急处理，还有一些细节和习惯，如眼神、教态、语言和习惯性的小动作，都是其他的反思形式不容易察觉到的，但又与教师的素养提升息息相关。录像便于教师反复观看，仔细研磨，对标改进。特别是一些竞赛活动、展示活动，活动实录有着其他方式不可替代的作用。

(三) 集体教研反思

利用群体的力量，加强与同事的交流，不仅可以使自己的思维更加清晰，而且来自交流对象的反馈往往也会激起自己更深入的思考，激发自己更多的创意和思路。教师在时间和条件允许的情况下，应该加强与同事间的交流对话，特别要重视搭班老师的意见和感受。集体教研或分组专题讨论都是好办法，大家集思广益，相互启发，合作反思，资源共享，提出解决办法，达到共同成长的目的。

(四) 观摩分析反思

“他山之石，可以攻玉”。教师应多观摩其他教师的课，如“名师示范课”“优秀教师公开课”以及各类评比的“优质课”或“研究课”。在观摩中，分析其他教师怎么教和为什么这样教；他如何应对突发事件；自己的课堂教学组织和方法与其相比有什么异同，受到哪些启发；如果我以后教这一课，会如何处理……通过这样的反思分析，从他人的教学中得到启发和提高。

(五) 网络交流反思

可以充分利用网络的便捷和真实性，加入教师网络论坛中。来自大江南北的老师们可以消除地域屏障、学科分界、身份高低，平等地交流自己的思想、做法和困惑，是一种很好的反思交流形式。平时各种教师工作群也是即时交流的好阵地。

二、教育活动反思应该写什么

(一) 亮点和创新

一场认真准备的教育活动，总有自己满意的地方，将这些亮点记录下来，可以是成功的设计思路，重难点突破的方法，教学方法上的改革与创新；也可以是某些教学思想方法的应用，对教育学、心理学中一些基本原理有意使用的感触，无论是哪一方面有益的收获，及时记录下来，供以后教学时参考使用，并可在此基础上不断地改进、完善、推陈出新。把自己做得好的地方以优点的形式梳理并呈现，也能直观表现教师风采，让评课者快速把握活动亮点和教师优势。

(二) 缺点和不足

即使是成功的教育活动也总有未达到预期的地方，难免有疏漏失误之处，时间把握不够精准，没有照顾到所有孩子的情绪，或是某个突发事件处理得不够妥当，反思是为了提醒自己在今后教学中避免类似的失误。比如多数婴幼儿上课时散漫分心反应迟钝，原因是什么？是内容高于婴幼儿的认知，是婴幼儿没有理解老师的语言表述，还是教学方法不当？对它们进行系统地回顾、梳理，分析不足产生的原因，并对其作深刻的反思、探究和剖析，这是我们改进教学设计的重要依据。

（三）改进措施

活动完成后记录下优缺点还不够，教师还要考虑一下再组织这部分内容时该如何做，下次需要关注和改正的地方，以文字的形式写出改进措施，可以做到扬长避短，精益求精，把自己的教学水平提高到一个新的高度。

（四）机智和灵感

教育的情境和对象总在不断变化，活动设计仅是活动的指导，实际工作中，总有临时调整和突发事件，尤其面对自由天真的婴幼儿。活动中，会突然闪现智慧火花；会因为师生间的互动或一些偶发事件而产生瞬间灵感。这些临时应变得当的措施，若不及时利用课后反思去捕捉，便会因时过境迁而烟消云散，令人遗憾。新老师想要快速成长，应变能力和经验缺一不可，因此及时记录非常重要。

（五）婴幼儿表现

在教育活动中，婴幼儿是主体，教师要反思婴幼儿在活动中的反应和与教师的互动状态和回应，包括群体和个别婴幼儿。婴幼儿的发展个体差异很大，一次活动结束后，哪些孩子还不能掌握技能，下次活动时要注意什么？为什么某某宝宝一直坐不住，原因是什么？自己在活动中的处理方法正确吗？认真地记录和反思，才能实现促进每一个婴幼儿发展的目标，也是特殊事件应急处理的经验积累，为实现差异化教育提供了珍贵的资料储备。

教育活动反思是一种有益的思维活动和再学习方式，在反思中经验才会得到提炼和升华，每一位优秀教师的成长都离不开教学反思。“没有反思，就没有觉醒；没有反思，就没有飞跃”。养成反思的思维习惯，在教学上能取得事半功倍的效果。

案例分析

案例一：分析和评价某同学在上完了托大班认知活动“我的身体”后撰写的反思

托大班认知活动“我的身体”教育活动反思

设计的思路：从幼儿认识自己身体部位入手，在音乐律动中增强幼儿的协调性以及反应能力。

设计活动的方式方法：①通过游戏“我说你指”吸引婴幼儿兴趣，锻炼幼儿反应能力。②通过音乐律动增强幼儿的协调性。

优点和不足：优点是音乐律动，幼儿兴趣大；不足是有个别幼儿配合度不高。

针对问题的解决方法：认真反思，更深入地了解各个幼儿的兴趣，针对他们的兴趣设计教学活动。“你说我指”的游戏，教师指令要简洁明了，语速可以先慢后快。在音乐律动时，让每一个幼儿都可以看见老师在示范，并让幼儿跟着一起做。

视频

托大班认知活动：我的身体

案例二：分析和评价某同学在上完了25～30个月幼儿饮食与喂养“我的肚子为什么会痛”后撰写的反思

25～30个月幼儿饮食与喂养“我的肚子为什么会痛”活动反思

活动从幼儿在托育园的一日生活流程入手。25～30个月的幼儿在动作发展方面，会自己洗手、

视频

25～30个月幼儿活动：我的肚子为什么会痛

擦脸;在生长发育方面20颗乳牙已全部出齐。培养幼儿良好的饮食习惯,为今后更好地适应幼儿园生活环境做好准备。

优点:教师主要利用饭前故事的方法,加深幼儿的印象。同时,在幼儿进餐时,教师在一旁发现问题并及时提醒纠正。

不足及解决的方法:有的幼儿还是没能形成良好的用餐行为习惯。要做好家园共育,家长和教师共同监督、鼓励幼儿,及时纠正幼儿不良的饮食习惯,培养幼儿良好的进餐行为习惯。

在组织生活照护活动时需注意的事项:教师不催促幼儿进食;对于用餐行为不正确的幼儿轻声提醒;遇到饭菜打翻的情况,教师要及时处理。

给未来老师的建议

一只跳蚤引发的教育反思

跳蚤堪称动物界的"跳高冠军"。曾经有科学家做过这样一个有趣的实验:把跳蚤放在桌子上,一拍桌子,跳蚤立即跳起,跳起的高度超过其身高的一百倍以上。

后来,科学家把跳蚤装进了一个玻璃罩里,再让它跳,跳蚤碰到玻璃罩后弹了回来。如此连续多次以后,跳蚤慢慢地改变自己跳高的高度直到不会碰到玻璃罩。然后科学家又逐渐降低玻璃罩的高度,而跳蚤总是在碰壁后跳得低一点。最后,当玻璃接近桌面时,跳蚤已无法再跳。这时科学家再慢慢地移开玻璃罩,再拍桌子,跳蚤再也跳不起来了。科学家通过不断地给跳蚤设限,把它从当初的"跳高冠军"变成了一只跳不起来的"爬蚤"了。

通过跳蚤实验,心理学家把这种现象称之为"自我设限"。科学家告诉我们:跳蚤并非丧失了跳跃能力,而是因为一次次的碰壁后,在失败面前一次次地妥协,一次次地自我降低要求,最终使自己丧失了再跳一次的勇气。心理学把这种现象叫作"习得性无助",是美国心理学家塞利格曼1967年用狗做了类似的电击实验后提出来的。

在我们的教育中,也经常有"跳蚤式"的学生出现。学习的时候遇到难题,一味地否定自己,放弃寻找方法解决问题;一次次地考试失败,就认定自己是差生,放弃学习,放任自己;体育活动中,感觉比较难的动作,就告诉自己,肯定做不来,还没有尝试就已经放弃……

也有一些"跳蚤式"学生是由于老师或家长的不恰当评价而产生的。联系一下实际,我们的孩子在学习中是不是也经历过类似跳蚤这样的受挫过程呢?当吸收了来自家长或老师的负面反馈,孩子就会形成习得性无助,彻底放弃学习,努力学习就更谈不上了。心理学研究发现,短短一周之内,接受负面反馈的孩子,就有可能形成习得性无助!

在学生的学习生活中,并非每个学生的学习能力都很强,但他们的潜能是无限的,如果老师或家长可以接受学生的"慢反应",多一点耐心,多一点正面引导,帮助学生把他们的"玻璃罩"敲破,取而代之的是给他们向上跳的勇气与力量,相信学生会跳得更高,只要一次比一次高,我们就是成功的!

(改编自微信公众号:蔡财弟名师工作室)

课后加油站

名言警句

一个教师写一辈子活动设计不可能成为名师，如果一个教师写三年教学反思，就有可能成为名师。

——叶澜

推荐课后阅读

《聚焦幼儿园教育教学：反思与评价》(刘占兰、廖贻主编)

《边教书，边成长》(陈文著)

思政园地

《论语》四则经典名句：懂得反思是一种智慧

《论语》首创语录体，记录了孔子及其弟子们的言行，书中用简洁而又含义隽永的语言，讲述了修身、齐家、治国、平天下的至理名言。《论语》与《大学》《中庸》《孟子》合称为“四书”，是儒家经典著作之一。古人半部《论语》治天下，今人半部《论语》修自身。下面，让我们重温其中关于反思的经典语句。

1. 过而不改，是谓过矣

出自《论语・卫灵公》。有了过错不改正，那就是真正的过错了。人非圣贤，孰能无过？一旦有了过错，就要尽快改正，并且找出问题，及时弥补，避免出现更大的过错。

2. 见贤思齐焉，见不贤而内自省也

出自《论语・里仁》。齐：看齐。省：反省。见到有德行的人就向他看齐，见到没有德行的人就反省自身的缺点。如果能够正视错误和过失，及时自省，改正错误，做事就会“随心所欲，不逾矩”，不断地进步，不断地走向成功。

3. 吾日三省吾身

出自《论语・学而》。省：反省、反思。三：概数，指多次。这句话的意思是我每天多次反省自己。人们通过不断地反思，就会明白哪些是正确的，哪些是错误的，坚持正确的，改正错误的，这样才会一天天进步。

4. 君子不重则不威，学则不固

出自《论语・学而》。君子不庄重就没有威严；学习可以使人不闭塞。孔子认为，作为一个有修养的君子，若要取得他人的尊重与信任，首先要懂得尊重自己，并不断地修正自己。

任务总结

反思是完整的教育活动设计的重要组成部分。本任务重点围绕从哪些方面进行教学反思和如何写教育活动反思展开学习，最终达到能规范书写反思的目标。

任务拓展

如何在教育活动反思中融入思政元素？

项目三　岗位素养

任务一　如何开展回应性照护

任务二　如何观察婴幼儿

任务三　如何进行多元化评价

任务四　如何开展主题活动

任务一 如何开展回应性照护

学习情境

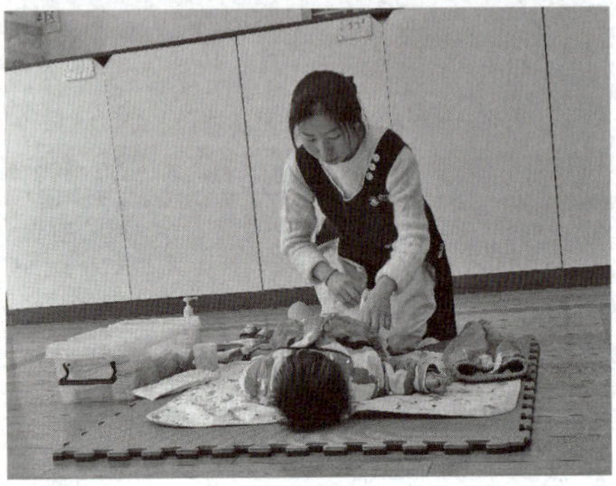

图 3-1-1 给婴幼儿换尿片

在托育园中，照护者给宝宝换尿布是一日生活中常见的行为。如果按照回应性照护要求，请思考如下问题：

◆ 走向婴幼儿时我们要说什么？用什么样的声音、表情神态？

◆ 在什么地方换尿布？

◆ 按照什么顺序换尿布？换的过程中，我们要说什么？用什么样的语气语调？

◆ 换好后我们要做什么？说什么？

学习目标

知识目标

1. 了解回应性照护的概念、意义和实施保障。
2. 掌握托育机构照护者高质量开展回应性照护的操作方法与工作要点。

能力目标

1. 能按照照护要点进行婴幼儿回应性照护的活动组织与实施。
2. 能按照照护要点配合同事进行婴幼儿回应性照护的活动组织与实施。
3. 能按照照护要点指导婴幼儿监护人在家庭环境中组织与实施回应性照护的活动。

素质目标

1. 通过实训提高职业能力素养。
2. 能把个人的成长与国家发展紧密联系在一起，以早期教育托举国家未来新发展。

学习导图

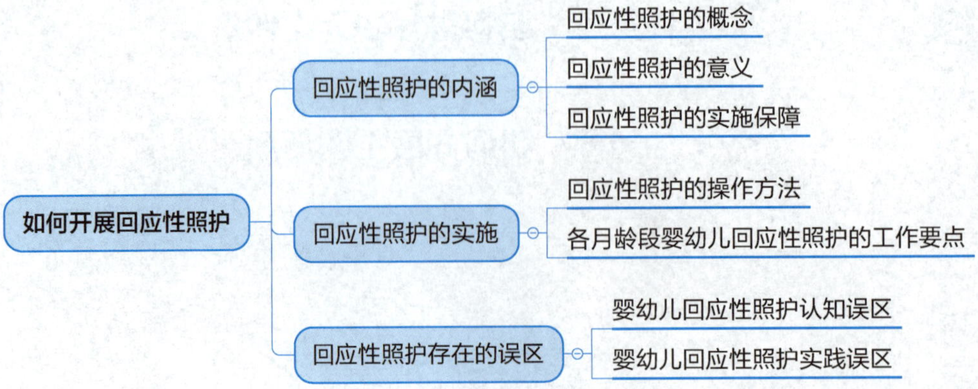

学习任务单

任务要求

表 3-1-1　任务清单

本小节任务清单	岗	课	赛	证
分析案例中的回应性照护	√	√		
分组讨论如何开展回应性照护	√	√	√	√

任务要求

1. 仔细观察案例视频资料，分析案例中的回应性照护。
2. 根据婴幼儿回应性照护的工作要点，分组讨论如何开展回应性照护。

视频

中班认知活动：动物

任务成果

表 3-1-2　任务成果

任　务	任 务 清 单	成 果 建 议
任务一	分析案例中的回应性照护	配合 PPT 进行讲解
任务二	分组讨论如何开展回应性照护	可实际模拟

任务达标

表 3-1-3　任务评分

	6 分以下	6～7 分	8～9 分	10 分	自评分	组内互评
任务一						
任务二						

一、回应性照护的内涵

国家卫生健康委员会于2021年1月发布了《托育机构保育指导大纲(试行)》,明确托育机构保育是婴幼儿照护服务的重要组成部分,并提出托育机构保育需要遵守的四大原则:尊重儿童、安全健康、积极回应、科学规范。其中,原则之一的"积极回应"解释为"提供支持性环境,敏感观察婴幼儿,理解其生理和心理需求,并及时给予积极适宜的回应"。

著名医学杂志《柳叶刀》2016年10月公布的儿童早期发展系列报告的关键词是"养育照护",并明确指出为儿童早期发展提供高质量的养育照护是实现其未来潜能的重要保障。随着我国全面二孩、三孩政策等人口战略的落地与持续推进,人民群众对婴幼儿照护服务的需求日益迫切。2018年世界卫生组织(WHO)等国际机构联合发布养育照护促进儿童早期发展框架(Nurturing Care Framework, NCF),确定了以"健康、营养、安全、回应性照护和早期学习机会"为核心内容的养育照护策略。结合托育机构服务的主要内容和WHO提出的"回应性照护"养育策略,托育大纲中提到的"积极回应"对应的就是托育机构回应性照护。

(一)回应性照护的概念

1. 回应性照护

"回应性照护"是指照护者密切观察儿童的动作、声音和手势等线索,通过肌肤接触、眼神、表情、言语等形式对儿童的需求作出及时且恰当的回应。《儿童早期发展养育照护框架》显示回应性照护的具体内容包括:(1)照护者与儿童形成稳定的情感关系;(2)照护者能敏锐地发现儿童的行为,并给予积极回应;(3)照护者和儿童之间的互动是愉快且能够激发儿童发展;(4)照护者以情感为支持,持续自我培训准确识别信号的能力;(5)回应性喂养。

回应性照护是保护儿童正确规避伤害、认识及应对疾病、早期学习、建立信任和社会关系的基础,婴儿和照护者之间的互动在出生前便已开启,出生后通过眼神交流、肢体接触、语言沟通和动作手势进一步加深互动,这些愉快的互动产生情感的纽带,有助于儿童了解周围的物质环境、语言环境和人际关系,鼓励儿童进行身体活动和情感交流,有助于刺激儿童大脑神经元的相互联系。

本文所谈的"托育机构回应性照护"是指托育机构的照护者能及时、适时理解和判断婴幼儿的生理和心理需求(如饥饿、疼痛和不适),对周围事物产生好奇、喜爱、厌恶等情绪情感,在此基础上能够对婴幼儿的需求作出及时、恰当的回应,促进婴幼儿全面发展的一系列照护行为,它穿插在婴幼儿生活照护与教育的各环节中。

婴幼儿生活照护包括:进餐照护(喂养)、睡眠照护、排便照护、盥洗照护、生活与卫生习惯五个方面。婴幼儿早期发展学习包括:动作、语言、认知、情感与社会性。对于托育机构而言,一日生活大部分时间都在进行生活照护,这也是机构保育工作的重点,其次通过各种形式的教育活动促进婴幼儿的早期发展。同时,通过高效沟通指导婴幼儿监护人在家庭代养环境中正确开展回应性照护,促进婴幼儿全面发展。

2. 回应式照护与传统照护的区别

传统照护是以照护者为主导,照护者主观决定所有照护活动的开展时间、形式等。回应式照护则以婴幼儿的需求为主导,尊重和满足他们的需求和愿望。照护者通过对婴幼儿的观察和询问来确定他们的需求,并以此来确定如何与他们交流和满足他们的需求。回应式照护的目的是促进婴幼儿的身心健康发展,有助于婴幼儿的全面发展。

(二)回应性照护的意义

1. 基于尊重的回应性照护有利于婴幼儿更好地建立安全感

尊重婴幼儿不仅体现在尊重其作为生命个体身心发展的特殊性,还体现在尊重其自主性和主观能动

拓展阅读

Still Face 实验

性。在此基础上，照护者才能站在婴幼儿的角度理解回应性照护的关键点。照护者和婴幼儿在一起时间的长短不能单独决定婴幼儿依恋的性质，还与照护者的照料方式相关联。基于尊重的回应性照护，使照护者在与婴幼儿互动过程中更能敏锐把握和理解婴幼儿的需求，能够持续、恰当地为婴幼儿提供支持和有效帮助。婴幼儿与照护者之间发展出的安全型依恋会逐渐拓展为对周围人的信任与爱，增强婴幼儿的自信心和安全感，他们会因此放心去探索世界，逐渐理解自己与他人、与周围环境之间的关系。

2. 高质量的回应性照护有利于促进婴幼儿的多方面发展

养育照护被视为促进儿童早期发展的重要因素，高质量的回应性照护不仅能满足婴幼儿的生理需求，还会关注婴幼儿的心理需求及发展。照护过程中伴随着恰当的、及时的肢体动作、身体接触、眼神表情、语音语调的刺激，为满足婴幼儿大脑发育需求提供了必要条件，在促进其动作能力、语言能力、认知能力以及情感与社会性发展等方面发挥着重要作用，能有效减少儿童心理和行为障碍。研究表明，获得高质量回应性照护的婴幼儿表现出更出色的运动、语言、认知和社会情感等方面的能力。

3. "反复刺激"式的回应性照护有利于婴幼儿良好生活习惯的养成

在回应性照护中，照护者与婴幼儿之间的互动是一种信号发出与反馈的连贯互动。照护者密切观察婴幼儿并以其动作、声音和手势等为线索，评估婴幼儿的多样需求，通过肌肤接触、眼神、微笑、言语、动作等形式对婴幼儿的需求作出及时且恰当的回应；婴幼儿发出的信号得到照护者的回应又是诱发下一个互动的重要前提，这种"反复刺激"式的互动促进了条件反射的建立。条件反射是基于条件刺激引起的反射，需要反复强化。回应性照护的内容多发生于多次重复的生活环节，有规律的、规范性的重复刺激有利于婴幼儿良好的生活活动条件反射的建立，从而促进其良好生活习惯的养成。

（三）回应性照护的实施保障

婴幼儿照护人员工作琐碎繁杂，除了职责内的清洁与卫生，包括消毒环境、物品整理及婴幼儿吃喝拉撒睡以外，还要面对婴幼儿的教育，同事间的配合，与家长的沟通，这绝不单单只是吃喝拉撒睡那么简单。在保育过程中婴幼儿回应性照护贯穿始终，这就要求婴幼儿照护人员必须具备多方面的能力和素质才能保障婴幼儿回应性照护的实施。

1. 婴幼儿照护人员要具备"六心"

婴幼儿照护人员的服务对象是0～3岁的婴幼儿及带养人，0～3岁的婴幼儿是最柔软的群体，在岗位上要做到"六心"。即：责任心、爱心、童心、细心、耐心、热心。对待工作要有责任心，对孩子要有由衷的爱心，教育孩子要有童心，观察孩子要细心，引导孩子要耐心，服务家长要热心。责任心、爱心、童心是基本的工作态度，细心、耐心是工作过程中的方法，因为早期教育的服务对象还有家长，所以对家长还要有一份热心。

2. 婴幼儿照护人员要有全面的专业知识

婴幼儿照护人员的工作涉及较广，包括营养与喂养、睡眠、生活与卫生习惯、动作、语言、情感与社会性。婴幼儿照护人员必须掌握扎实的科学文化基础和婴幼儿身心发展规律等专业知识，具备开展婴幼儿回应性照料、游戏活动实施与改进、伤害预防与处理、疾病识别与预防、照护者合作交流、机构运营管理等能力，能够从事婴幼儿的生活照料、安全保障、健康看护、学习支持、家园共育以及托育机构日常管理等工作。

3. 婴幼儿照护人员要懂得尊重

婴幼儿作为社会群体中的独立个体，尽管其心智尚未开展成熟，但是在面对周围环境和事物的时候，他们也会形成对事物的独特的认知，也会有主观意识和参与能动性。照护者在对婴幼儿的保育过程中，应当尊重婴幼儿的独立人格，对婴幼儿的自我意识给予充分尊重并积极培养他们的主观行为，使婴幼儿

拓展阅读

如何尊重婴幼儿

"我自己做""我自己来"的意识得到实践。在婴幼儿参与实践的过程中，不要怕失败，不要总是担忧婴幼儿做不好而不让他们参与，这会在一定程度上阻碍婴幼儿的身心发展和行为意识的形成。因而在婴幼儿的成长过程中，照护者应当充分培养并尊重婴幼儿的自主意识和自我学习意识，给予一定的支持和鼓励，促进婴幼儿独立意识的增强，在婴幼儿进行自主学习的过程中，为其预留出合理的发展空间，在适当时候进行鼓励和帮助，以使婴幼儿在拥有自主意识的同时，也拥有照护者的呵护，满足婴幼儿心理成长的实际需求。每个婴幼儿的发展都具有独特轨迹（有个体差异），速度不一定相同，家庭的育儿理念也不一定相同，照护者应该尊重这种差异。

4. 婴幼儿照护人员要有敏锐的洞察力

婴幼儿期的孩子对事物的认知度较低，表达能力较弱，对他们要特别细心。在日常教育和保育工作中，要做到三个"细"：一是细心观察，从他们的表情、动作、行为中，了解他们的内心思想感情和身体状况；二是细心分析，从他们一些反常现象中分析出原因，找出对策；三是细心教育和护理，特别是对一些特殊情况的孩子，应给予特殊的照顾。

二、回应性照护的实施

（一）回应性照护的操作方法

1. 建立良好的师幼关系

师幼关系是一种心理上的人际关系，能够充分体现出教师和婴幼儿之间的紧密联系，对婴幼儿身心健康的全面发展起到重要的作用，是婴幼儿进入托育园后人际关系的重要组成部分。良好的师幼关系可给婴幼儿带来心理的安全感，支持其不断探索、学习，使他们在情感、社交和认知方面得到良好发展。

与婴幼儿建立积极师幼关系的基本要素包括热情、接纳、共情和尊重。

（1）热情。热情来源于对工作的热爱，对婴幼儿的喜爱。要对婴幼儿表现出真正的兴趣，对他们非常友好并且能够及时与他们互动。

例如：早晨看到婴幼儿入园时，教师应微笑并蹲下身子来迎接他们，可以给他们一个大大的拥抱，热情回应婴幼儿"早晨好"。主动与家长询问婴幼儿的情况，拉近师生之间的距离，沟通感情，让婴幼儿及家长真正感受到来自老师的尊重与关心。

（2）接纳。接纳是指无论婴幼儿有怎样的气质、性格或行为表现，都要在意他们、关心他们。接纳的前提是理解，因为理解，所以能接受已经发生或存在的事实；因为理解，能觉察到婴幼儿情绪背后没有被满足的期待和需求；因为理解，愿意去帮助和陪伴婴幼儿从难过、生气、焦虑等负面情绪中走出来。

例如：今天天气特别冷，托育园给大家准备了热腾腾的南瓜粥作为午点。其他孩子都已经穿好衣服坐在座位上吃午点，只有豆豆还在床上不肯起床，老师每次喊她起床，她就哭闹，说是没睡够，可如果再不起床，南瓜粥就凉了。这时老师接纳了豆豆的起床气，凑到豆豆耳朵旁边小声告诉她有好吃的南瓜粥在等着她，咱们要不要喝完粥再来继续睡？豆豆若是拒绝，也要接受她的"表达"方式；若是同意，一定要及时鼓励与表扬。

（3）共情。共情，即同理心。需要教师学习理解婴幼儿的行为，回应婴幼儿时会假设自己也经历过同样的情绪，深入婴幼儿的内心去体验他们的情感与想法。

例如：在户外游戏过程中，明明和昊昊两个小朋友因为玩得太开心，不小心撞到了一起，明明因为摔倒在地，膝盖摔破了皮，哭得好伤心，嘴里还一直说讨厌昊昊，以后再也不和昊昊玩了。老师看到后及时为明明处理了伤口，但是一整天过去了，明明还是很伤心，总是一副生气的样子。1～3 岁婴幼儿正处于感知动作思维阶段，明明的"生气""伤心"来源于他认为自己的伤口来自于昊昊，所以我们除了理解明明的思维方式，还要能够感觉到他的疼痛，从他的角度去换位思考。

(4) 尊重。尊重就是相信婴幼儿有与其年龄相符的学习和行动的能力，允许他们自己探索和行动、进行独立思考、作出决定，找到问题的解决办法并与他人沟通。

例如：托小班的婴幼儿语言表达能力较差，词语较少，理解能力也较差。我们在与他们进行沟通交流时应注意语速放慢，简单明了，同时不能因为他们不会表达而拒绝来自他们内心的“声音”。

2. 敏感观察

每个婴幼儿都具有独特性和个体差异，其行为表现存在着多样性和多源性。敏感观察，读懂婴幼儿的信号，解读其行为线索，明白婴幼儿需要什么，想要什么。婴幼儿通过动作、面部表情、声音或手势发出信号，表达自己的生理、心理需求。照护者在日常生活中通过仔细观察、记录婴幼儿的生理节律、活动和能力水平，逐步了解并掌握其个性特点。

拓展阅读

婴幼儿敏感期

例如：1 岁半的乐乐还在使用纸尿裤，但是每次路过卫生间时都好奇地转头去看，而且自己也具备了脱裤子的能力，这时便是最佳的如厕训练时机，抓住敏感期将会更容易让乐乐接受“戒纸尿裤”。

3. 互动沟通

互动与沟通是人与人、人与环境交互作用的过程，不仅可以帮助教师更好地进行回应性照护，形成良好的师幼关系，也能帮助婴幼儿未来建立良好的人际关系。

此时照护者需要了解婴幼儿独特的沟通方式，如哭声、语言、动作、手势、面部表情以及身体姿势，除了仔细倾听、解读其沟通目的外，照护者还需调动合适的身体姿势、表情、眼神、肢体动作及语言、声音传递易为婴幼儿观察到、注意到并适合其理解的有效信息。

例如：教师可以抚摸婴幼儿的手、脚、身体、头部等，表达喜欢与肯定。这种轻柔的抚摸不仅是爱护、关怀的表现，又能接触皮肤，满足婴幼儿“肌肤饥饿”的心理需求，使婴幼儿享受无言的爱。当婴幼儿摔倒大哭时，他们喜欢被教师拥抱在怀里，感到温暖与安全。此时拥抱是表达爱和鼓励的最直接、最有效的方式。

另外，在照护过程中教师要有丰富的语言，不是自言自语也不是模仿婴幼儿的发声，而是有意义的引导。同时注意语调、动作轻柔，配上亲切的表情和温柔的对视。

例如，更换尿布时可以描述正在做的事情：“我正在给你换尿片。”“湿巾碰到屁屁上有点凉哦！”“换完了感觉很舒服，是吗？”

(二) 托育园各项目内容中回应性照护的工作要点

表 3-1-4 回应性照护工作要点

项目	观察与记录	回应要点	互动技巧
营养与喂养	读懂“饥饿”“吃饱”信号 注意进餐方式的变化，如手抓、用叉、用勺等 观察咀嚼方式与能力 观察进餐习惯与规律	从按需喂养到规律进餐 制定膳食计划，保障用餐安全 创造独立进餐机会 接受婴幼儿挑食、拒食 及时表扬与鼓励	做好准备活动，包括心理、环境、物质准备(餐具、桌椅、衣物等) 教师做好示范、允许婴幼儿试错，并耐心引导 细嚼慢咽，专心用餐 规定用餐时间
睡眠	识别“困倦”信号、作息习惯 观察入睡前、中、后的行为与习惯 睡眠困难的表现及原因分析	建立作息规律，营造睡眠氛围 尊重行为与习惯，允许个体差异 理解包容，耐心陪伴	巧用睡前仪式 语言安抚：“宝宝，老师听到你哭了，老师会在你身边一直陪着你” 动作安抚：拍肩、抚触、微笑、哼唱歌曲等

续 表

项目	观察与记录	回应要点	互动技巧
生活与卫生习惯	观察能力变化，识别能力信号 记录规律与习惯 善于捕捉“破坏”“捣蛋”“认真”“进步”等	丰富生活环境，给予足够的锻炼机会 接受训练过程中可能反复、退后、失败等情况 积极回应，尊重其成长轨迹 做好榜样与示范	从小做起、重视细节 鼓励婴幼儿勇敢表达自己的需求与想法 做好情绪控制，在“破坏”等行为面前能专业应对
早期学习与发展	观察婴幼儿学习习惯 熟知婴幼儿个体差异、喜好、能力等 倾听婴幼儿的表达诉求	为婴幼儿准备适宜的玩教具、故事、儿歌等 关注婴幼儿的每一个“问题” 提供同伴游戏、学习机会 抓住关键期，创造更多学习机会 把握优质互动时间，合理安排	充足的活动准备，熟知各类游戏、互动方式 熟知婴幼儿各月龄能力发展，促进身心健康成长 积极、耐心回应婴幼儿发出的“声音” 平等“观察”与“讨论”，适时引导与干预 耐心等待他们的回应

结合以上工作要点对下面的案例进行分析：

案例分析

1. 请分析案例中的照护者言行，哪些满足回应性照护要求，哪些不对？尝试指导一下这位照护者。

一位照护者刚刚将两个争抢玩具的孩子拉开。“你再打人，老师就不理你了！”照护者对18个月大的肖肖说道，并牢牢地抓着他的胳膊。肖肖转向照护者，向她脸上吐口水。原本平静的照护者变得恼火起来，她抓住了肖肖的另一只胳膊，盯着他的眼睛，清楚但带着情绪地对他说：“我不喜欢你这样，肖肖，你不该冲我吐口水。”说罢，她松开手，站起身来，转身离开了。接下来的半天，她都没理会肖肖。

2. 分析案例中照护者有什么地方做得好？你从中学到了哪些回应性照护的技巧？

13个月大的小布与伙伴们坐在矮桌前吃西瓜，他显然很享受这个时刻。他用手试图把最后一块西瓜塞进嘴里，只听“噗”的一声，西瓜掉在了地上。当他伸手想要捡起西瓜的时候，照护者制止了他：“对不起，小布，我不能让你吃这块西瓜了，因为它已经脏了。”小布瞪大眼睛张着嘴看着照护者，之后便伤心地大哭起来。当他伸手想要更多的西瓜时，照护者对他说：“所有的西瓜都已经吃光了。”说完，她把掉在地上的西瓜扔掉，然后坐回之前的地方。之后，她拿起一块小饼干递给小布，“我们没有西瓜了，但是你可以吃一块饼干。”可是，小布却不想吃饼干，当意识到吃不到西瓜时，他开始大声哭闹。“我知道你很不高兴，”照护者平静而又诚恳地说，“要是咱们还有西瓜就好了。”小布哭闹得越来越厉害，他边哭边到处乱踢。照护者却仍然平静地看着他，流露出非常关切的神情。桌子旁的其他几个孩子看到后表现出不同的反应。照护者转向他们并解释道：“小布把西瓜弄掉了，所以很伤心。”说完，照护者又转向仍在大哭的小布。他一边抽泣着，一边摇摇晃晃地走向照护者，并把头埋在照护者的膝上。照护者轻轻拍着他的背，等他安静下来时，她说：“你该去洗洗手了。”小布在听到她的话后并没有作出反应，照护者仍旧耐心地等待着。随后，她温柔地重复着：“小布，你该去洗洗手了，我陪你一起去。”说罢，照护者将其他孩子托付给同事照料，然后站起身来，带着小布慢慢地走去洗手了。到达洗手池时，他逐渐停止了抽泣。

拓展阅读

与家长回应、与同事回应

三、回应性照护存在的误区

（一）婴幼儿回应性照护认知误区

1. 只要吃喝拉撒睡正常就行

婴儿出生后就有交流的本能和强烈愿望，起初交流最基本和最重要的功能是生存得到保障，新生儿只要感到饥饿、身体难受时，就会以哭的形式发出信号。但是婴儿在吃饱喝足、身体无不适的情况下也会哭，因为婴儿除了饥饿、疼痛、冷热、疲倦等各种生理感受外，还有烦躁、不安、焦虑等心理感受，对新生儿来说，哭是他们唯一能够表达的方式。随着婴儿的成长，他们逐渐会将哭声分化，用不同的哭声来表达饿了、困了、肚子疼、烦躁等不同需求，以获得照护者的注意和相应的照顾。随着时间的推移，婴幼儿会发更多的表情、语音、动作等信号，引导照护者与他们“交谈”，用笑容和叽咕声表达喜悦满足、用烦躁的神态表达疲惫，4 个月的婴儿甚至已经发展出与人轮流“说”和主动“邀请”交流的交际能力。

照护者不仅要能及时、适时理解和判断婴幼儿的生理，如饥饿、疼痛和不适，还要能及时察觉婴幼儿的心理需求，如害怕、焦虑、孤单，以及对周围事物产生的好奇、喜爱、厌恶等情绪情感，通过眼神交流、肢体接触、语言沟通和动作手势等愉快的互动，帮助婴儿了解周围的物质环境、语言环境和人际关系，鼓励婴幼儿进行身体活动和情感交流，有助于大脑充分发育，实现良好的早期发展。

2. 按育儿书籍上的规定进行照料

育儿方面的书籍的确可以提供一些指导，但婴幼儿的需求是多变的，每个婴幼儿的需求也会有所不同，书上的指导无法覆盖所有婴幼儿的生活规律和个性特征。对婴幼儿的照护应该根据婴幼儿的实际需求来制定。例如，婴幼儿可能会因为生长发育或生病等原因而需要更多或更少的食物或睡眠时间。如果只是机械地按照书上的规定时间进行吃喝拉撒睡，就可能忽视了婴幼儿的实际需求，导致婴幼儿的生长发育出现问题，甚至导致婴幼儿破坏性行为的增加、社交能力及认知能力的降低。

3. 照护者无须专业培训，有过带娃经验就行

虽然有过带孩子的经验可以帮助照护者更好地应对某些情况，但是专业培训对于婴幼儿的照护者非常重要。婴幼儿的生理和心理发展具有特殊性和复杂性，需要专业知识和技能的支持。只有经过专业培训，照护者才能了解婴幼儿的生理和心理发展规律、营养需求、卫生保健、安全防护等方面的知识，以及处理各种应急情况的技能和经验。此外，专业培训还可以帮助照护者了解正确的照顾方法和技巧，包括如何和婴幼儿进行有效的沟通、如何响应婴幼儿的需求和情感表达、如何制定和实施婴幼儿的日常活动计划，等等。

因此，婴幼儿的照护者需要接受专业培训，以提高其专业技能和知识水平，更好地满足婴幼儿的需求和促进其发展。

目前我国特别是农村地区对于早期回应性照护并不重视，绝大多数照护者更关注婴幼儿身体和饮食方面的生理需求，而对婴幼儿的情感需求重视程度明显较低，例如喂养多聚焦在食物的类别和喂养的时间、频率，对喂养行为或如何处理婴幼儿的食物偏好、饥饿或饱食信号关注较少。

4. 婴幼儿哭闹时，只要能让其停止哭闹就行

虽然让婴幼儿停止哭闹是照护者的目标之一，但哭闹是婴幼儿表达需求和情感的一种方式，如果照护者只关注于让婴幼儿停止哭闹，而忽略了婴幼儿的需求和情感，可能会对婴幼儿的发展和情感产生负面影响。当婴幼儿哭闹时，照护者应该首先确定婴幼儿的需求，例如是否需要喂奶、换尿布或抱抱等（婴幼儿哭闹持续不止可能需要进一步考虑是否有发热、感染等不适或其他问题）。如果婴幼儿的需求得到满足，通常情况下他们会停止哭闹。哭闹还可以是婴幼儿表达情感的一种方式。婴幼儿可能会因为分

离、孤独、无助等感觉而哭闹。如果照护者不给予足够的关注和安抚，可能会让婴幼儿感到孤独和无助，从而影响他们的情感发展。对于还没有太多表达技巧的婴幼儿来说，有时候哭闹是发泄情绪的重要途径，允许婴幼儿哭一会儿能够缓解他们的负面情绪。

照护者在处理婴幼儿哭闹时，应该先确定婴幼儿的需求，并给予情感支持，通过轻轻抚摸、安抚话语等方式来表达关爱和理解，帮助婴幼儿建立安全感和信任感。

（二）婴幼儿回应性照护实践误区

1. 照护者动作简单粗暴无序

照护者动作粗暴可能会让婴幼儿出现疼痛和不适，引起不安情绪，影响他们的身体和情感发展。另外，婴幼儿的生理节律还没有完全建立，需要一个稳定的作息规律来帮助他们建立良好的生活习惯，稳定、有规律的生活节奏和亲密的情感联系，有助于婴幼儿建立安全感和信任感。如果照护者的行为无序，没有规律可循，会让婴幼儿的健康无法得到保障，婴幼儿也会感到困惑和不安。

照护者应该注意自己的行为，保持温柔、有序的照护方式。在抚摸、穿脱衣服、喂食等活动中，使用力度和速度须恰当，以确保不会对婴幼儿造成身体伤害，同时制定有规律的照顾计划，以建立稳定、有规律的生活节奏。

2. 照护者跟婴幼儿沟通不足

照料时不能仅限于语言上对婴幼儿提出要求或对婴幼儿的提问给出应答。婴幼儿的语言能力还未发展完善，但是他们可以通过其他方式表达自己的需求和情绪，例如哭闹、笑、眨眼等，这些都是婴幼儿表达自己的方式。在照料婴幼儿时，如果照护者没有很好地捕捉到婴幼儿的这些需求，婴幼儿会表现得烦躁、焦虑、沮丧。

照护者应该仔细观察婴幼儿的表情和动作，用心倾听，及时、准确地了解婴幼儿的需求和情绪，从而更好地开展照料。同时照护者通过说话、肢体语言和建立互动，让婴幼儿感受到被关注和照顾。

3. 照护者不关注婴幼儿发出的生活照料需求信号，固定时间集体行动

在照顾婴幼儿时，需要密切关注他们发出的生活照料需求信号，以便采取相应的照料行动，如果过分强调固定时间集体行动，则违背了尊重婴幼儿个性发展的原则，可能会导致婴幼儿的不安和不适，甚至影响他们的身心健康和发展。3 岁前婴幼儿的生长发育和个性发展差异较大，照护者需要灵活地调整照顾时间，以满足婴幼儿的需求。例如，某个婴幼儿需要较多的拥抱和安慰，那么照护者可以适当延长抱抱的时间，而不是强行将婴幼儿放下。照护者还应鼓励婴幼儿自主探索行为，为婴幼儿提供安全、有趣的环境和玩具，鼓励他们个性化的探索和学习。

4. 照护者不固定，不一致，不连续

照护者不固定很可能给婴幼儿作出的回应不一致，这会让婴幼儿感到混淆和困惑，影响包括：不利于婴幼儿的饮食、睡眠、运动等方面的规律的形成；婴幼儿的认知发展无法得到持续、足够的刺激和互动，会影响婴幼儿的认知发展；婴幼儿无法得到足够的规范和引导，可能会影响婴幼儿的行为发展；婴幼儿在情感上会感到不安全和不稳定，对婴幼儿的情感发展产生不良影响。

因此，对于婴幼儿的照护，应该尽量保持照护者的固定、一致、连续，以确保婴幼儿的安全感和稳定性，有利于婴幼儿的身心健康发展。如果无法保持照护者的固定，那么也应该尽量保证照护方式和时间规律的一致和连续。

5. 照护者对婴幼儿期望过高

照护者对婴幼儿的表现和需求有过高的期望，会对婴幼儿过度关注、过度干预，或者过于严格地回应婴幼儿的行为，这样会限制婴幼儿的自我表达和探索，同时给他们带来不必要的压力和不适。对于一些

不符合照护者期望的行为或需求，婴幼儿会感到沮丧或失望，从而对婴幼儿的情感和行为产生负面影响。

照护者要了解婴幼儿的发展阶段和个体差异，明白适当的自由、探索和自我表达可以帮助婴幼儿学习和成长，保持适当的监督和关注，合理地给予婴幼儿期望和回应。

给未来老师的建议

建议 1：了解婴幼儿年龄特点，学习观察解读孩子，学习与婴幼儿沟通技巧。

建议 2：学习婴幼儿教育经典书籍、中医知识，保健知识，急救知识技能。

建议 3：学习讲解绘本，玩教具制作，唱歌、弹琴、舞蹈等教育技能。

建议 4：通过实训不断提升育儿经验，反思总结提升，写保育日志，写保育案例。

建议 5：学习法规文件（国家的、先进发达地区的、本省的等）。

建议 6：跨界广泛学习，不断提升综合素养，包括人际沟通、礼仪、美学等。

课后加油站

推荐文件资料

《养育照护促进儿童早期发展——助力儿童生存发展，改善健康，发掘潜能的指引框架》

《托儿所幼儿园卫生保健管理办法》

《托儿所幼儿园保健工作规范》

推荐课后阅读

《捕捉儿童敏感期》（孙瑞雪著）

《关键期关键帮助》（李跃儿著）

《儿童行为心理学》（李群锋著）

《儿童性格心理学》（李群锋著）

思政园地

当今时代，越来越多婴幼儿在父母外出工作的时候生活在保育中心，而不是与家人在一起，因此，人们对高品质早期保育的需求持续增长。回应式照料者应取得家长的信任，始终保持正确的职业道德观，以严肃认真的态度对待幼儿保育工作。积极学习和掌握各种早期保育知识，包括大脑早期发育、婴幼儿气质类型以及发展适宜性实践。认同 0～3 岁婴幼儿“在游戏中学习”的理念，要设计与实施以婴幼儿为中心的小组活动。回应式照料者支持婴幼儿保育的连续性，努力让婴幼儿获得安全感，帮助其建立健康的依恋。

任务总结

在 0～3 岁儿童的生活中，照料者是个非常重要的角色，会对婴幼儿的成长和发展产生巨大的影响。要竭尽全力做最好的婴幼儿照护者，因为照护者是被照护婴幼儿健康成长和身心幸福的关键。只有在照护者的良好保育下,婴幼儿才能幸福茁壮地成长。

任务拓展

列举三件你可以与婴幼儿父母合作、共同提高婴幼儿高品质保育的事情。

任务二 如何观察婴幼儿

学习情境

本周是我参加实习的第14周，这周按要求去观察孩子们喝水的习惯。

我们班的小朋友喝水都是有自己固定的小水杯，一般是吃了加餐之后喝水，以及户外活动前后喝水。我们班的小朋友喝水情况还算可以，有一个小朋友喝水量很足，还有另外两个年龄比较小的不喜欢喝水，每次给水杯就是不喝水，老师会拿自己的水杯和他们碰碰杯，他们喝一口，我们喝一口，这样他们还能喝进去几口。还有一个小朋友要含着他的水杯睡觉，睡觉前也会给他接点水，这样他才会乖乖地去睡觉。针对这个问题，我们后面会慢慢减少他睡前的饮水量，到后面他睡觉可以给他含着水杯，但是不接水，再后面就不让他含着水杯睡觉，帮助他慢慢戒掉含着水杯睡觉的习惯。

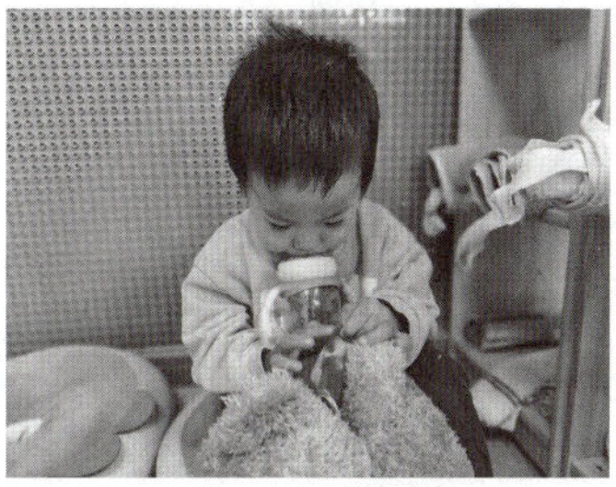

图3-2-1 观察婴幼儿喝水

想一想，婴幼儿的观察记录，对我们日常的保教工作有什么价值？这样的一份观察记录规范吗？有哪些优缺点？

学习目标

知识目标

1. 理解婴幼儿行为观察与记录的作用和意义。
2. 掌握观察记录的基本方法。

能力目标

1. 能够规范、客观地撰写婴幼儿行为观察记录。

素质目标

1. 培养细致耐心的工作态度，养成边学习边观察边反思的工作习惯。
2. 保持一颗平常心，客观公正地对待每一个孩子，为成长为“四有”好老师储备能量。

学习导图

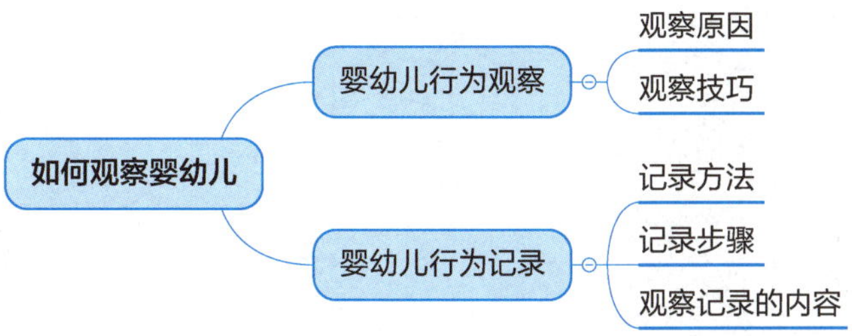

学习任务单

任务分析

表 3-2-1 任务清单

任 务	任务清单	岗	课	赛	证
任务一	能对他人撰写的观察记录进行评价和分析	√	√		
任务二	能够规范、客观地撰写婴幼儿行为观察记录	√	√	√	

任务要求

1. 对相关案例，能指出优点和不足之处，并能给出合理化修改建议
2. 能按照行为观察的要求和原则，规范、客观地撰写观察记录

任务成果

表 3-2-2 任务成果

任 务	任务清单	成果建议
任务一	对他人撰写的观察记录进行评价和分析	结合 PPT 进行分析讲解
任务二	规范、客观地撰写婴幼儿行为观察记录	按模板进行撰写

任务达标

表 3-2-3 任务评分

	6 分以下	6~7 分	8~9 分	10 分	自评分	组内互评
任务一						
任务二						

一、婴幼儿行为观察

（一）为什么要对婴幼儿进行观察记录

著名教育家蒙台梭利说:“要教育婴幼儿就要了解婴幼儿,而观察婴幼儿正是了解婴幼儿的主要途径之一,是教师进行有效指导的前提。唯有通过观察与分析,才能真正了解孩子内心的需要和个别差别,以便协调环境,并采取应有的态度来配合婴幼儿成长的需要。”

因此,托育工作者应该以婴幼儿的视角来理解孩子,以开放的心态、宽容的情怀对待孩子,真正做到尊重与信任婴幼儿,以婴幼儿为中心,促进每个婴幼儿富有个性地成长与发展。看一看孩子表现了什么;听一听孩子在说什么;猜一猜孩子在想什么。尽可能用孩子的眼光看世界,用孩子的心灵感知世界,用孩子的语言表达世界。孩子会帮助我们加深对这个世界的重新理解与再认识,也包含对自己的重新理解与再认识,这对我们的工作有诸多作用:

(1) 了解婴幼儿的行为和行为变化;

(2) 评价婴幼儿的发展状态;

(3) 探明婴幼儿的最近发展区;

(4) 理解婴幼儿的内部需要,与婴幼儿交流;

(5) 因材施教,支持婴幼儿学习,促进达成婴幼儿发展目标;

(6) 有助于与家长沟通;

(7) 创设和调控教育环境;

(8) 设计和调整教育活动计划;

(9) 可以为早期教育研究尤其是婴幼儿研究积累丰富、翔实、全面的第一手资料,为深入后续的研究提供必要的基础。

通过对婴幼儿自身以及材料与环境等的不断观察与思考,在促进教师反思意识增强的同时,能逐渐更新自己的育儿观、教师观、活动观、课程观等,真正成为婴幼儿学习活动的支持者、合作者与引导者。正如苏霍姆林斯基所说:“从儿童进学校的第一天起,就要善于看到并不断巩固和发展他们身上所有好的东西。”

（二）观察的技巧

(1) 教师观察时不要干涉婴幼儿正在进行的活动,也不要和他说话,更要避免眼神相交,以免引起婴幼儿注意,产生不自然的表现。

(2) 观察婴幼儿外在行为的同时,也要观察婴幼儿心理活动(可通过言语、神情及作品表现出来)。

(3) 尊重婴幼儿。当婴幼儿需要协助时,应立即停止观察记录前往协助。但在其不需要帮助的情况下,不参与他的活动,更无需引导。

(4) 观察要有长期性和规律性。不能片面地用一两次观察结果来判断和评价,拟定下一步教育策略。

二、婴幼儿行为记录

（一）记录方法

可以根据达到意图和情形不同,选择恰当的记录方式,例如:

(1) 婴幼儿成长日志:记录一天中重要的事情,包括活动想法以及活动的完成情况。

(2) 图表和清单:帮助教师及时了解婴幼儿的材料使用情况以及发展情况。

(3) 照片和图片、视频和音频:记录婴幼儿活动瞬间和活动过程。

(4) 追踪记录某种行为的发生次数:如一个月内,某婴幼儿尿床次数;某婴幼儿进入建构区玩了哪些玩具。

(5) 现场实况记录(白描式记录):是对一名婴幼儿真实活动场面进行记录的形式,详细研究一名婴幼儿可以帮助老师更加深入地了解个体,从而更加广泛地认识所有婴幼儿。此方法在实际工作中用得最多。

(二) 具体步骤

完成一份完整的观察记录有五个步骤:选择目标婴幼儿、撰写目的和目标、记录客观事实、总结行为表现、评价婴幼儿行为并提出建议。

1. 选择目标婴幼儿

观察者根据要达到的目标,如评价某婴幼儿特点或解决其发展中遇到的问题,可以从以下三方面选择目标:

(1) 从重要的偶发事件、具有里程碑意义的事件中选取。

(2) 从集体活动中选取。

(3) 从容易被忽视的婴幼儿中选取。

2. 撰写目的和目标

观察目的范围较大,即五大能区或托育七大板块,具有概括性。观察目标则是婴幼儿在此能区中的具体能力或表现,关注的是本次观察中具体要看的细节。

以李老师对毛毛的观察为例,在偶发争抢事件中,李老师把目标婴幼儿定为打人的毛毛。为了了解他攻击行为背后的原因,李老师设定了观察目的:研究毛毛社会性发展。制定了 2 个目标:关注毛毛冲突时的表现;观察毛毛的日常社会交往。

知识链接

《托育机构保育指导大纲(试行)》把托育机构的具体保育工作分成了七大版块,分别是: 营养与喂养 睡眠 生活与卫生习惯 动作 语言 认知 情感与社会性	0~3 岁婴幼儿身心发展特点的五大能区是指大运动能力、精细运动能力、认知能力、语言能力、社交能力。这是参考了蒙台梭利潜能开发理论、哈佛大学多元智能理论、左右脑开发等多种世界经典早教理论之后梳理、总结出的早教方向	幼儿园教育活动中的五大领域指的是:语言、科学、健康、艺术和社会。最早来源于《幼儿园教育指导纲要(试行)》(2001 年),对五大领域有详细的解读。2012 年教育部颁布了《3~6 岁儿童学习与发展指南》,对五大领域进行了更深入的解读和分析,把各个领域更加细化,并针对性地给出了合理的教育建议

3. 记录客观事实

观察记录要求:格式规范,记录内容规范、客观、及时、详细、具体,选用各种方法记录与目的、目标有关的内容。应遵循如下记录原则:

(1) 观察记录真实客观。直接记录婴幼儿活动中的行为、动作、语言、表情等细节,不使用主观判断字眼,不随意做判断、假设或贴标签(如表 3-2-4)。

表 3-2-4　观察记录用语

要避免的用语	合适的用语
这个孩子喜欢……	连续 5 天他都选择了同一个玩具
认真完成了……	他用……分钟做……
他用了很长时间在……	他反复了 3 次
看起来像(好像)……	他说……(问过婴幼儿以后)
我认为……	我看到……
我感到……	我看到……
他不愿意(从不)……	他没有……

(2) 语音准确，留心细节。我们要细心捕捉婴幼儿的动作、语言、表情等细节并用准确的语句记录下来，以便如实地呈现婴幼儿的活动细节，使行为记录更有个体价值。

① 细化动词，如：说、走、跑、哭、笑等常用动词太笼统，应具体描述出婴幼儿此时的动态，如说可细化为：耳语、咆哮、大喊、尖叫、哭嚷、命令、告诉、小声说等。

② 准确地加入形容词，可以更加真实地描述婴幼儿的情绪情感。如高兴可以细化为：兴高采烈、乐颠颠、快活、兴奋、欣喜、心满意足。

请看以下两种不同的观察记录方式(如表 3-2-5)：

表 3-2-5　婴幼儿行为观察记录对比

婴幼儿行为观察记录	语句分析	点评
斌斌(2 岁 8 个月)，今天上课时表现很差，不注意听讲，还不断骚扰旁边的小朋友，从头到尾都坐不住。我实在没办法，只能让他坐在我旁边	今天上课、从头到尾：笼统，不具体 很差、骚扰：不同人有不同的理解 实在没办法，只能：语气显示观察者的不耐烦态度	记录中包含了许多不准确，且主观判断性的语句，不利于客观真实地收集信息和处理
斌斌(2 岁 8 个月)，在上午认知课上不断扭动，站起来或者走开。一次只能坐稳大概 1 分钟，坐着时，他拍打旁边的孩子并和他讲话。我温和地把他叫到了我旁边坐下，他愉快地同意了。我搂着他讲故事，他安静听着，专心了大约 4 分钟	上午、认知课、1 分钟、4 分钟：时间具体、准确 扭动、站、走、拍打、搂：行为动词，反映事件真实状态 温和地、愉快地：准确的形容词描述了当时的情绪状态	记录更加具体地加入了动作、时间等词汇，不带个人感情色彩，便于真实客观地判断婴幼儿的行为

4. 总结行为表现

观察者在观察之后，需要总结婴幼儿行为，就是得出结论。结论必须围绕目的目标，写得客观、具体。例如：小宝连续拍球的数量能达到 31 个，手部动作灵活，有力量，手眼协调较好，能跟随球移动步伐。

5. 评价婴幼儿行为并提出建议

这是最后一个关键步骤。只有评价得当，才能把观察后的发现与教师的教育实践联系起来。评价时可以与年龄相近的其他婴幼儿相比较，但更常用的是与人们普遍认可的结论进行比较。提出建议要求教师调整教育实践，使得教育策略有理有据、有针对性、有价值。例如：和其他同龄婴幼儿相比，小宝的身体运动能力发展较好，建议为她提供跨障碍的玩教具。

（三）观察记录的内容

观察第×次：在系列观察中，记录清楚是第几次，以方便查询。

日期：具体到年、月、日，有利于整理记录，分出先后顺序。

开始时间和结束时间：记录时间段，可以明确婴幼儿从事活动的时间长短。

儿童姓名：如需保密，可以用姓名拼音缩写来写。

性别及年龄：具体到月份，如1岁8个月。

环境：相关人、事、物的介绍，空间、材料投放情况及其周围同伴和老师的数量和行为。

目的：列出观察者想探究的发展能区或托育板块。

目标：列出观察者想观察的具体能力及表现。

观察记录的内容：要求规范、客观、即时、详细、具体。

结论：根据观察目的、目标来写，叙述你观察到了什么，即总结婴幼儿的行为表现。

注意：①围绕目标、目的作结论；②结论需具体、客观。

评价：将你的观察结论与目标年龄群体应有的表现作比较，也可以将观察的某个婴幼儿与班级中同一年龄段的其他婴幼儿做比较。

建议：提出指导或教育建议。

案例分析

案例一：请分析以下观察记录，指出其中不够准确和客观的语句以及不规范的地方，并提出改进建议。

表3-2-6　唐××绘画观察记录

观察主题	我会画了			观察者	唐××	班级	小(1)班
姓名	SC	性别	男	年龄	4岁	时间	2021.1.14
观察过程	一学期下来，SC在美术活动中仍然显得无所适从，连简单的涂色也常常是握笔不画，有时一动不动，不知从何画起，有时会弄坏蜡笔或者在老师发的纸上乱画一通，弄得脏脏的。现在我们已经接触了基本形状的绘画，这时候的他仍然很不自信，经常说："老师，我不会画，你来帮我。"我们和家长也进行了沟通，妈妈说在家也经常教他画，可是也发现了这样的问题，做事没有耐心，不知怎么下手画画，非常胆小。						
分析及措施	具体措施： 1. 个别辅导，引导他上课时注意听讲，在绘画中要有耐心，要认真观察，有了想法以后再绘画。 2. 同伴帮助榜样作用。用能力强的幼儿和SC合作绘画的方式，通过两个人的相互配合与协作，潜移默化地学习别人的良好绘画习惯与绘画技能，从而在一定程度的榜样示范作用下，逐步提升自身的绘画水平。 3. 用表扬性的语言鼓励幼儿大胆地绘画，激发幼儿绘画的积极性。 4. 通过与家长沟通，让家长也认识到重要性，明白要配合老师在家也要开展绘画活动，增强孩子的自信心，这样才会事半功倍。让家长引导孩子在家慢慢画简单的图形，例如：圆形，气球，花朵，小草，小鸡，等等。可以请孩子可以将作品带到幼儿园中来，并给予表扬肯定，提高SC的自信心。 实施效果：在不断努力中，发现表扬和鼓励的方法对SC很有帮助，老师的鼓励和伙伴的赞美，让SC很有信心，绘画时也不像以前那样一画了事或是不敢下手了，只是绘画涂色的速度还不够快，如果再加快一点速度的话就更棒了。总之，通过实施教育，他在美术活动中胆子大了起来，也敢于拿起笔画了，进步很大。						

案例二：分析和点评以下行为观察记录，并提出改进建议。

表 3-2-7 ××托育园托大班幼儿用餐观察记录

观察日期	2023.3.27	观察时间	从2月底至今	观察者	×××
观察地点	教室	婴幼儿姓名	托大班	年龄	2～3岁
观察目的	观察婴幼儿的用餐习惯				
目标	营养与喂养能区：让婴幼儿自主进餐，并能遵守用餐基本礼仪				
观察实录	在用餐方面，宝宝具有个体差异性，有的年龄小的宝宝在吃饭时可以吃得很好，吃饭也很认真，不需要提醒也可以完成得很好。但有的小朋友已经快3岁了，吃饭习惯却非常不好，喜欢用手伸进饭碗里抓饭玩，把勺子里的饭甩得到处都是。还有的小朋友会把自己不喜欢的饭菜扔在别的小朋友的碗里。每个小朋友吃饭都有自己的特点，有些小朋友会坐着一直等待，不肯自己吃饭。				
分析与思考	分析与思考：出现这些问题，有的小朋友是因为挑食偏食，有不喜欢的菜就不吃或扔掉。放学时，我通过与宝宝家长的交流，了解到用餐习惯差的小朋友，大部分在家里是因为父母包办喂饭，导致婴幼儿在学校等待，不主动吃饭。有的是家长在家让幼儿养成了看动画片吃饭的习惯，导致婴幼儿在学校吃饭东张西望，不认真。				
回应与调整	现场回应：当我看到这些现象时都会及时制止或者引导。面对吃饭习惯不好的小朋友，会选择和他们沟通，首先告诉他饭是不可以拿来玩的，我们要乖乖吃饭，吃得饱饱长得高高，慢慢引导他们改掉不好的用餐习惯。刚刚进入幼儿园的小朋友，还未适应学校的生活，在吃饭时，我们会让幼儿尽量自己吃，吃的少的，到后面我会给他们喂饭，先让他们逐渐适应，再慢慢放手，让他们学会自己吃饭。 鼓励与支持：对吃饭认真、表现好的小朋友给予表扬与肯定。针对家长说的问题，我表示理解，但也提出了相对应的建议，首先在学校我们会正确引导幼儿自主进餐，培养幼儿良好的用餐习惯，以身作则给幼儿当好榜样，但家长在家里也需要积极配合老师的工作，在家与学校的要求同步。				

课后加油站

推荐课后阅读

《幼儿行为的观察与记录》（[美]多萝西·H.科恩等著，马燕、马希武译）

《爱与自由》（孙瑞雪著）

拓展阅读

鄢超云解答：婴幼儿教师常见10种观察难题

思政园地

诺贝尔奖获得者居里夫人的女儿，曾把观察誉为“学者的第一美德”。前苏联心理学家巴甫洛夫一直把“观察、观察、再观察”作为自己的座右铭，并告诫学生：“不学会观察，你就永远当不了科学家。”我们是否也可以说教师如果不学会观察，就永远当不了好老师，更甭说教育家了。

说到教育家，不得不提前苏联著名教育家苏霍姆林斯基和我国学前教育之父陈鹤琴先生。苏霍姆林斯基被人们称为“教育思想泰斗”。他的书被称为“活的教育学”“学校生活的百科全书”，他所领导的帕夫雷什中学被列为世界上最著名的实验学校之一。苏霍姆林斯基在做巴甫雷什中学校长期间，经常带领教师了解和研究儿童，定期举办研讨会，就某个学生的情况实行教育会诊。他本人亲自搞调查、作记录，深入研究了178名“最难教育”的学生的曲折成长的过程。苏霍姆林斯基身为一校之长，始终兼教一门课，兼任一个班的班主任。他先后教过三千七百名学生，对他们逐个观察、了解，写了三千七百页观察笔记，积累了丰富的实际工作经验。他数十年如一日，坚持白天听课、上课和做学生工作，夜晚分析、研究和整理材料，第二天早晨用三个多小时从事教育创作。在短短一生中，他写了四十一部专著，六百多篇论文，还为少年儿童写了大约一千二百篇童话、故事和短篇小说等。陈鹤琴先生的长子陈一鸣于1920年12月26日出生，陈鹤琴将其作为自己实验与研究儿童心理的对象，对其从出生起的身心发展进行了连续跟踪观察和记录，并作了系统研究。“我一出娘胎、哇哇一叫，我的父亲就开始记录，记录我什么时候哭，什么时候笑，什么时候小便，什么时候会顽皮了。换句话说，他把我身心的发展都作了全面的研究，一共是连着808天。”(陈一鸣)808天的连续跟踪观察、文字摄影记录及实验对比，创中国研究儿童之先风，研究成果《儿童心理之研究》《家庭教育》于1925年出版发行，奠定了陈鹤琴教育思想的基础，陈鹤琴先生也因此被誉为“中国的福禄培尔”“中国幼教之父”。

了解是理解的基础，了解幼儿是教育的基础，是教师儿童观、教育观建构的基础。认真地观察和记录幼儿，可以帮助我们真实地了解幼儿，了解他们喜欢做什么、能做什么，达到什么样的发展水平，有什么样的个性特点和学习风格，让我们看到儿童的存在、儿童的价值。

（节选自《幼儿园自主游戏观察与记录——从游戏故事中发现儿童》导言）

任务总结

孩子发现世界，教师发现孩子。教师发现孩子的发现，才能走进孩子的世界，为他们创造充满爱和自由的成长环境，与他们共同成长进步。

任务拓展

将你日常的婴幼儿的观察记录进行保存整理，定期反思收获和感想。

任务三 如何进行多元化评价

学习情境

李燕是刚进托育所的新老师，机构要求每周必须听其他老师的三节课，并进行分析评价。这可难为了她，听课时感觉节奏太快，自己总是记不下来也抓不住重点。一节课完了，还是满头雾水，不知道要如何去给其他老师做评价。即将走上岗位的同学们，你们是否也有同样的困惑呢？

图 3-3-1 托育园所语言教育活动

学习目标

知识目标

1. 掌握正确评价婴幼儿表现的方法。
2. 理解教育活动评价的作用和意义，知道听课评课的方法。

能力目标

1. 能在教育活动中，对婴幼儿表现给予及时回应和恰当的评价。
2. 能对他人组织的教育活动进行评价和分析。

素质目标

1. 树立正面教育和智慧沟通的育儿观。
2. 培养开放交流和团结共进的工作观。
3. 把成长为学习型好老师定为自己的职业目标。

学习导图

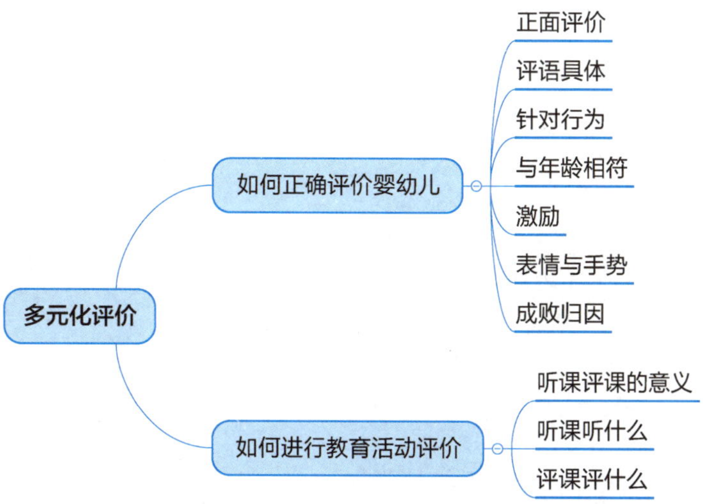

学习任务单

任务分析

表 3-3-1 任务清单

任务	任务清单	岗	课	赛	证
任务一	能在教育活动中，对婴幼儿给予及时回应，并进行恰当的评价	√	√	√	
任务二	能对他人组织的教育活动进行分析和评价	√	√		

任务要求

1. 评价要针对婴幼儿的行为，并且及时、具体，有激励价值。
2. 能对照评价的要求和原则，从多方面对他人进行教育活动评价。

任务成果

表 3-3-2 任务成果

任务	任务清单	成果建议
任务一	在教育活动中，对婴幼儿进行恰当的评价	及时回应婴幼儿；评语正面、客观、具体
任务二	对他人组织的教学活动进行分析和评价	能找出活动组织教师的优点和不足

任务达标

表 3-3-3 任务评分

	6 分以下	6～7 分	8～9 分	10 分	自评分	组内互评
任务一						
任务二						

一、如何正确评价婴幼儿表现

（一）正面评价

婴幼儿年龄尚小，认知水平低，未形成对自己的正确认识和评价，往往是通过成人对自己的评价来认识自己。因此，教师的评价应以积极鼓励、夸赞为主，以发展的眼光来看婴幼儿，相信每个孩子都能在教师的帮助下得到成长，如“你做得不错”“你今天比昨天有进步”“越来越能干了”等。千万不能用消极负面的语言来评价婴幼儿，如“你除了捣蛋，还能干嘛”“你没长腿啊”等讽刺挖苦的语言来评价婴幼儿。

（二）评语要具体

空洞的夸奖和表扬，会让孩子更关注别人的看法，低估自己的价值，久而久之就可能变成“讨好型人格”，总是寻求别人的认可。

正确的夸奖方法是：描述具体情况＋希望孩子拥有的品质。告诉孩子，具体是哪里做得好，做这件事过程中的哪些品质是重要的。

而正确的批评也应该指出，孩子哪里做错了？应该怎么做是正确的。

以下是三个表扬孩子的万能公式：

① 描述式：我看见＋描述具体的事情。例如：

老师看见你用手指蘸颜料画了一幅画，真的好有创意！

我看见你把娃娃都放进了玩具柜里，真是一个整理小能手！

② 赋能式：我相信＋描述相信的内容。例如：

老师相信你能自己爬上去，加油！

我相信你能处理好和朋友争吵这件事的，我支持你！

③ 感谢式：谢谢＋描述感谢的内容。例如：

谢谢你和老师一起整理教室，班里变得更整洁了。

谢谢你把饼干分给每一个小朋友，你很有爱心。

（三）评价对事不对人

“对事”是指教师重在评价婴幼儿的某一行为是否合乎规范，如针对孩子扔垃圾的行为，我们应该说“我不喜欢你把垃圾扔得到处都是”而非“乱扔垃圾的是坏孩子”，是对婴幼儿乱扔垃圾的行为进行否定，使婴幼儿知道什么样的行为是不好的，进而引导婴幼儿形成良好的行为习惯。这样的评价可以保护婴幼儿的自尊心和自信心，激发婴幼儿参与活动的兴趣，在幼儿园里各方面获得很好的发展。而“对人”可能是对婴幼儿的人格进行评价，如“你这个笨脑子”“要讲多少遍才听得懂”，这样的评价会伤害婴幼儿的自尊心，打击婴幼儿参与活动的积极性，使婴幼儿变得自卑、胆小，无法通过活动获得相应的成长。

（四）恰当的表情和手势，为评价加分

婴幼儿的感知是很直观、具体的，仅仅依靠语言，评价很难收到满意的效果。因此，教师应当采用一些形象有效的手段配合语言来进行评价。除了用语言之外，也可能是一个眼神、一个微笑、一个手势，等等。

（五）评价应该与婴幼儿年龄相符

例如低幼宝宝比较乐意接受小红花，因为小红花看得见、摸得着，这使得评价更为直接有力，使正确的行为得到强化。而大孩子的眼界更宽、思维更活跃，利用他们感兴趣的事物作为激励的手段，可以取得更好的效果。

（六）评价要有激励作用

全班都给的奖励等于没有奖励。相反，班级中个别孩子没有得到奖励就是批评。评价应该是个性化的，评价时需要教师认真地观察每个婴幼儿的行为，鼓励孩子的进步，固化孩子的正向行为。

（七）评价引导婴幼儿对成败归因

当孩子成功时，我们强调他的品质和努力，如认真、顽强，坚持等，并非表扬其本身的天赋或性格，如聪明、漂亮、活泼等。当孩子在一些任务中遭遇失败时，我们去引导他从外部归因，比如任务太困难、环境不利等。这样，孩子才能对自己保持足够的信心，有利于自控力的形成。

老师的一个评价或许会影响一个孩子很久，甚至是伴随他的一生！所以，作为教师，评价一定要慎重。

案例分析

思考与讨论以下场景中，老师在教育活动中给予婴幼儿的评价存在哪些问题？

场景一：在托大班的一节观摩活动中，教师提出问题后，只要有宝宝答对了，教师就会带领全班婴幼儿拍手并伸出大拇指说："棒棒棒，你真棒！"活动中，"棒棒"声此起彼伏，累计达十多次。当婴幼儿在集体面前大胆表现时，教师就说："你真聪明！"

场景二：老师让中班的小朋友分组进行穿衣服比赛，以最后一个小组成员穿戴完毕计时。C组的其他婴幼儿动作很快地完成了，一个笨拙的小男孩在大家的催促和注视下更加慌乱了，导致C组没有得第一。本组小朋友抱怨声四起："本来可以得第一的，都怪你！"小男孩低下了头，泪水溢满了眼眶。

场景三：教育活动中××老师习惯于手中拿着小红星，只要婴幼儿举手发言，她就在其手背或衣服上贴一颗星。因此，老师每提出一个问题，就总有些高高举起的小手，这使她变得异常忙碌，既要给举手发言的婴幼儿贴星，又要操作演示教具。婴幼儿也心急如焚，浮躁不安，因为他们要得到发言机会，就必须等教师给获奖者贴完星后提问题，又生怕自己的星比别人少。

二、如何进行教育活动评价

（一）听课评课的意义和作用

听课、评课是早教/托育老师在日常教育活动中经常性的不可缺少的教研活动，是促进教育观念更新、教育经验交流、教育方法探讨、教育艺术展示、研究成果汇报、教育水平提高等的重要途径和主要手段。听课、评课助力教师在互动中获取经验、自我提高。

（二）听课听什么

听课时应关注如下几个方面，并认真做好听课记录。

1. 教育环节设计

教育环节包括情境创设、活动导入、活动实施、活动结束、活动延伸。关注各环节如何控制时间，完成每一环节的过程和过渡的情况。大的环节内又是如何安排小的环节，如活动实施环节是否有教师展示、婴幼儿学习转化、巩固练习三个层层递进的小环节。听课时还要注意思考，组织者为什么这样安排，环节是否紧扣教育目的、教养特点和婴幼儿实际，是否做到合理安排、科学调配，充分发挥每一分钟的效能。

2. 教育目标的落实及重点突出难点突破

听课时要关注组织者是怎样充分、灵活、简便、有效地运用婴幼儿已有的经验再现纵横联系。是否采用举例说明、引导比较、直观演示等手段。如何运用比较、归类、排序等逻辑思维方式帮助婴幼儿突破重点难点，理解掌握新知识/技能。解决问题要关注如何将抽象知识转化为婴幼儿的智能。如何组织婴幼儿自主探究，亲身体验，获得新经验。

3. 教育方法与学习方法

听课时要关注组织者是怎样在教育活动过程中与婴幼儿积极互动、共同发展的。从教师的“教”为中心，向以婴幼儿的“学”为中心转移，使用了哪些方法来创设环境，激发兴趣。

4. 辅助手段的应用

听课时，还要认真琢磨组织者如何把实物、教具、音乐、律动等进行整合，为婴幼儿的学习提供丰富多彩的学习体验，提高活动实效。

5. 拓展延伸

活动延伸是否做到有针对性、反复性、拓展性，达到巩固新知识/技能、家园共育培养能力的目的。同时，要关注延伸形式是否多样，拓展是否能把所学知识/技能应用到日常生活中，提高婴幼儿经验和解决实际问题的能力。

6. 学会换位思考

听课时要学会换位思考，从三个角色代入。一是要进入“活动组织者”的角色。要设身处地地思考，如果自己来组织这个教育活动，会怎样做。将组织者的教法与自己的构思进行比较，这样既可以避免以局外人的身份去挑剔，看不到长处，不理解组织者的良苦用心；又可以避免无原则的同情理解，看不到不足与缺点。二是要进入“孩子”的角色。要使自己处于“学”的情境中，从婴幼儿的角度去反思教师怎样教或怎样处理教育内容、怎样引导、如何组织，婴幼儿才能听得懂、能探究、能应用、会掌握。三是要进入“学习者”的角色，在听课中更多地去发现组织者的长处，发现活动的闪光点，以及对自己有启迪的东西，做到取长补短，努力提高自己的业务水平。

另外，教育活动过程随着时间的流动而进展。在活动中，过去的不可能再“回放”；有些细节转瞬即逝，忽略某些细节，感知就会出现断裂，影响对整个教育环节的整体认知。因此，听课时要全身心地投入，积极思维，认真记录。

（三）评课评什么

（1）评目标：教育目标要符合三个条件：全面、具体、适宜。

（2）评准备：知识经验的准备、材料的准备和环境创设是否能真正为完成目标服务。

（3）评流程：看思路脉络主线是否十分清晰，由易到难，由浅入深。

（4）评师幼关系：看婴幼儿在活动中的主体地位，看教育氛围，师幼融入。

（5）评教师的基本功：看教态、语言、操作和课堂的调控能力。

（6）评教育活动效果：教学效率高，婴幼儿的受益面广。

（7）评教育特色：教师独特的教学风格和教学语言，如条理清晰、思维敏捷；语言精练、幽默、温情等。

（四）评价量表参考和比较

教育活动评价形式是多样的，内容是可变的，以表格的形式出现，能便捷和直观地反映组织者的教育水平和优缺点，并能把评价量化。在工作中，我们可以根据婴幼儿月龄和具体需求进行调整。以下三个表格均为常用形式，供实施者参考（见表 3－3－4～表 3－3－6）。

表3-3-4　婴幼儿教育活动评价表一

授课教师			园所	
授课班级			时间	
授课内容			等级	
评价项目		评价要点	分值	得分
教学要求	教学设计	1. 根据《托育机构保育指导大纲(试行)》精神,细化活动目标,目标描述体现领域活动特点,符合婴幼儿年龄特点及实际需要,并具操作性,情感、能力、知识同步 2. 合理安排、把握并解决活动的重点、难点和关键,内容正确,方法适宜 3. 活动内容有教育价值,来源于生活。符合婴幼儿兴趣与需要,有助于拓展婴幼儿的经验和视野,具有一定的开放性	10	
	教学过程	1. 活动目标全面具体,活动结构完整,层次清晰,活动过程流畅 2. 能较好地运用探究式教学,婴幼儿参与度高,为婴幼儿主动学习创设良好氛围 3. 面向全体,分层教学,关注个体差异,分类指导,使全体婴幼儿在自身基础上都能获得提高 4. 师幼关系平等,体现相互尊重,课堂氛围宽松、融洽,注重婴幼儿良好学习习惯的培养 5. 能给予婴幼儿及时回应和有效的指导,善于运用发展性、激励性评价语言,使教学评价推动婴幼儿学习兴趣增长及参与活动的积极性	20	
	教学方法	1. 以游戏为基本活动方式,教学方法合理、适宜,并具有趣味性、启发性 2. 活动情境创设恰当有效,注重教师与婴幼儿、婴幼儿与婴幼儿、婴幼儿与环境的互动,引导婴幼儿主动探索、学习、发展、思考 3. 注重游戏的合理性、价值性、趣味性,游戏融入生活 4. 能有效使用各教学手段,操作熟练	10	
	环境与材料	1. 准备丰富适宜的材料和教育资源,供婴幼儿主动自由地探索,为婴幼儿提供充分参与和交流的条件与机会 2. 环境与材料富有安全性、趣味性、艺术性,具有教育价值,一物多用	10	
	婴幼儿行为	1. 婴幼儿以积极的态度参与活动,并在其中体验活动的乐趣,尝试着解决活动中遇到的问题 2. 各层次的婴幼儿处于良好的学习状态,并在各自的基础上获得相应的提高	10	
教师素质		1. 教态亲切自然大方,语言生动规范有感染力,仪表端庄 2. 熟练运用现代化教学手段,对活动过程中出现的意外状况及衍生内容,能进行及时有效地调整,反思调控能力强;有独特的教学风格	10	
教学效果		1. 较好地实现预定的活动目标,完成活动任务,活动有效 2. 婴幼儿获得积极的情感体验,情绪愉悦、思维活跃、想象丰富,多数婴幼儿能完成活动任务,在自己原有的基础上获得提高	20	
个性特色		1. 有创新点 2. 有个人特色和风格	10	
综合评价		评议人:	合计总分	

表 3-3-5 婴幼儿教育活动评价表二

评价要点		评价等级		
		A	B	C
目标	目标的年龄适宜性			
	目标的可落实性			
	三维目标的完整性			
	目标实际的达成度			
内容	内容的年龄适宜性			
	内容与目标的一致性			
	内容的科学性			
	内容的生活性			
	相关环境材料的适宜性			
	内容的实际完成情况			
教师	教师讲解的适宜性			
	教师教学策略的适宜性			
	教师对婴幼儿的关注和回应			
	教师评价的适宜性			
婴幼儿	婴幼儿的投入程度			
	婴幼儿的互动机会			
	婴幼儿面临的挑战			
	婴幼儿的习惯养成			

表 3-3-6 婴幼儿教育活动评价表三

评价对象	评价指标	关注重点	评价分值	实际得分
教师	活动目标的定位	1. 活动目标明确,符合婴幼儿年龄特点、已有经验和发展需要,能体现能区(版块)活动的特征 2. 有机整合情感态度、能力、知识技能三维目标的发展要求	10	
	活动内容的选择	1. 贴近婴幼儿生活,既符合婴幼儿的现有水平,又体现活动一定的挑战性,有助于拓展婴幼儿的经验和视野、开发婴幼儿的潜能 2. 善于利用和开发教学资源,活动容量合理,突出重点,体现学科性、可行性	20	
	活动过程的指引	1. 能以亲和的态度和灵活的活动形式建构安全、平等、温馨、丰富的学习环境 2. 提供充分的活动时间和适宜的活动空间、设施、材料,有效引发婴幼儿与环境、材料的积极互动 3. 教学基本功扎实,教学语言生动活泼,简洁流畅,富有启发性和感染性,有利于激发婴幼儿主动学习的兴趣和热情 4. 活动组织思路清晰,环节分明,张弛有度,能恰当运用多元化的教学方法和手段,采用适宜的指导策略,形成有效的师幼、幼幼互动 5. 关注婴幼儿在活动中的表现和反应,能灵活调整活动进程与指导策略;尊重婴幼儿的个体差异,实施因人而异的个别辅导	40	

续 表

评价对象	评价指标	关注重点	评价分值	实际得分
幼儿	活动态度	轻松、愉快、积极、有序，乐于参与活动；情绪稳定，有安全感	5	
	活动表现	1. 对学习内容、活动环境、活动材料、活动方式有兴趣，会利用环境资源学习 2. 能主动、积极、专注而投入地参与探索、操作、表述等活动流程 3. 有需要时会与同伴分享、合作（适用于较大月龄幼儿）	10	
	活动成效	1. 活动中有自信的表现和成功感 2. 获得与活动内容相关的新经验和新体验，在经验、能力和智慧等方面有所发展	5	
综合		1. 对《托育机构保育指导大纲（试行）》的把握 2. 婴幼儿观的体现 3. 创新教学的能力	10	
实际得分及等级				
简析	评议人：			

优秀：100～85；　良好：84～75；　合格：74～60；　不合格：60 分以下

视频

13～18个月认知能区教育活动“水果园”

案例分析

观看一则教育活动实录：13—18 个月认知能区教育活动“水果园”，尝试用表格的形式对这位实习教师的教育活动进行评价和分析。

拓展阅读

名师评课记录

拓展阅读

15个表扬孩子和10个惩罚孩子的科学方法

给未来老师的建议

党的二十大报告中指出，教育、科技、人才是全面建设社会主义现代化国家的基础性、战略性支撑。高质量教育需要高素质教师。

教师要在学习型社会中发挥更加重要的作用，起好带头示范和主动传播知识的作用，成为“学习型大国”的引领者和践行者。

■ 学习型好老师旨在培养自身终身学习发展，能根据不同年龄阶段的发展任务自己选择学习内容，并且在长期学习活动中养成良好的学习习惯，成为会学习、会做事、会做人的好老师。

■ 做一名新时代的学习型好老师，应有终身学习、随时学习的意识，要能在生活和工作中时时刻刻保持学习的热情，要养成良好的学习习惯，投入足够的时间、精力和激情。

课后加油站

推荐课后阅读

《带着思想去评课》（王小庆著）

《婴幼儿发展评价指南》（高敏、杨爱娟等著）

思政园地

教学是一门艺术，课程中不仅要学习教学的技能与技巧，更要研习教学的艺术。婴幼儿课程的魅力来自婴幼儿的生活，取材于婴幼儿的直接经验。就像科学家百折不挠研制疫苗一样，作为一个教育工作者应该刻苦钻研，深入思考，做精课程，领会教学的奥秘。

教育者应该有育人的情怀。这需要这些未来的教师有远大的追求，有踏实的作风。通过课程学习去感受当前婴幼儿教育发展的大背景，增强教育的责任感和使命感，把个人的进步融入职业生涯成长的过程中。课程学习要有明确的目标、认真的态度、坚持不懈的精神，听好每一堂课，积极参加每一次实践训练，在活动中勇于实践锻炼自己，一步一个脚印，取得进步。

任务总结

对婴幼儿进行正确评价是早教老师和托育工作者的基本功。教育活动评价是教研和教师能力提升的重要途径。本任务从如何正确评价婴幼儿表现和如何进行听课评课展开学习，最终达到提高业务素养和教研能力的目标。

任务拓展

除了听课评课，还能从哪些方面提高托育工作者的业务素质？

任务四 如何开展主题活动

学习情境

主题活动是一项较为综合的教育活动，在设计和组织的过程中，锻炼和考验着早教教师活动选择、活动设计、活动组织、环境创设等的教育综合能力。3 岁以下的婴幼儿主题活动不一定要深刻、全面，重要的是通过活动让婴幼儿对周围的事物保持好奇心，产生不断探索的欲望。由于 3 岁以下的婴幼儿对事物的理解和接受方式是基于感官的具体感受，在设计和组织主题活动时，要尽量将主题“物化”，充分调动婴幼儿的视觉、听觉、嗅觉、触觉等感官来与主题产生链接，婴幼儿才会沉浸其中。

学习目标

知识目标

1. 知道如何为婴幼儿选择主题活动的内容和形式。
2. 熟悉早期教育中主题活动设计的原则和要点。

能力目标

1. 能够根据婴幼儿的身心特点选择合适的主题内容。
2. 能够初步设计、开展主题活动，创设和谐的主题环境。

素质目标

1. 树立正确的育儿观，为婴幼儿选择优质的教育内容，创设良好的教育环境。
2. 通过实训提高早期教育的综合素养，促进严谨学风和行为作风的养成。

学习导图

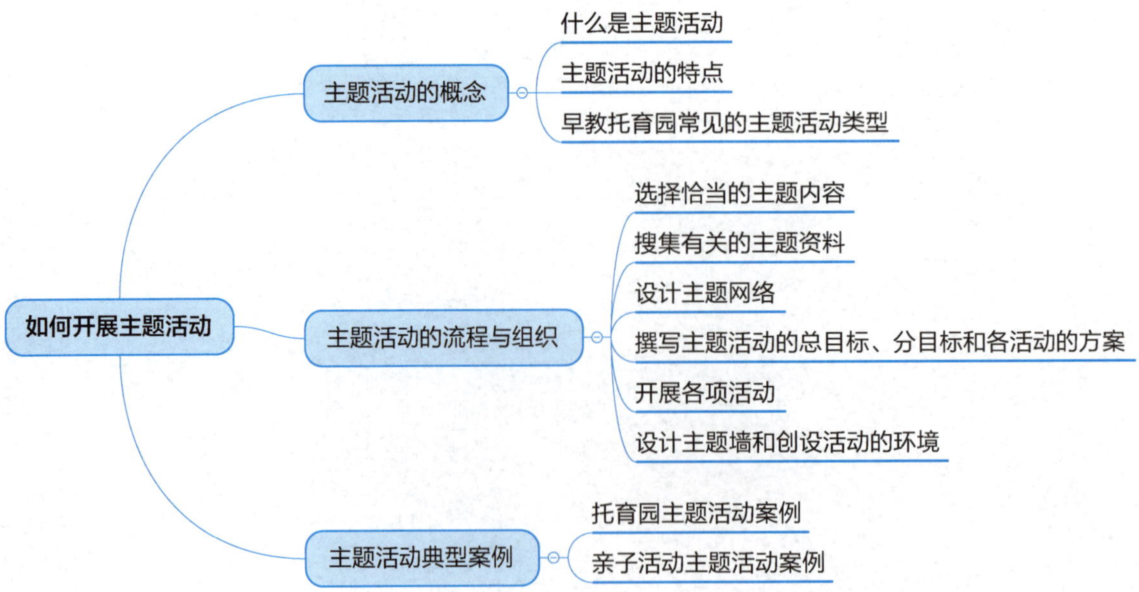

学习任务单

任务分析

表 3-4-1 任务清单

本小节任务清单	岗	课	赛	证
绘制主题活动网络图	√	√		
设计主题教学活动	√	√	√	√
组织主题教学活动	√	√	√	√
创设主题活动环境	√	√	√	

任务要求

1. 主题活动的选择符合设定月龄段婴幼儿的兴趣和发展要求。
2. 主题活动的设计和组织能够体现系统性、适宜性。
3. 在设计与组织实施活动中体现资源的整合。

任务成果

表 3-4-2 任务成果

任务项	任 务 清 单	成 果 建 议
任务一	案例分析;绘制主题网络图	完成工作手册中表格填写;绘制一张有设计感的主题网络图
任务二	撰写主题活动方案	完成工作手册中任务项:撰写主题活动的总目标和各个活动的分目标,选取两个活动撰写活动设计
任务三	模拟开展主题活动	选取主题活动中的一节课,模拟组织活动的过程
任务四	配合主题活动创设相应的环境	布置主题活动的局部环境

主题网络设计图

主题活动方案

主题活动环境布局

任务达标

表 3-4-3 任务评分

	6 分以下	6~7 分	8~9 分	10 分	自评分	组内互评
任务一						
任务二						
任务三						
任务四						

一、主题活动的概念

(一) 什么是主题活动

主题活动是指在一段时间内围绕一个中心内容(主题)来组织开展的系列教育活动,根据婴幼儿的身心发展特点和需要,通过合理地选择教育内容、教育手段和方法而组织教育过程。

与幼儿园的主题活动不同,早教托育机构的主题活动受婴幼儿能力、认知等方面的限制,更多的是对婴幼儿的启蒙,让婴幼儿初步认知和感受主题事物,以激发婴幼儿对周围世界的兴趣,为以后积极、主动的探索做准备。

(二) 主题活动的特点

1. 整体性

主题活动要整体考虑教育目标、教育内容、教育方法和教育手段之间的联系和相互作用,使婴幼儿的发展和教育更具整体性。

2. 联系性

联系性指的是主题活动是一个系统的活动,包括:婴幼儿各能区之间、各教育要素之间有机组合、相互联系;早教托育机构、家庭和社会之间相互联系。

3. 集中性

一个阶段相对集中开展某一主题的活动,使婴幼儿的学习更连续、集中和系统。

(三) 早教托育园常见的主题活动类型

(1) 围绕婴幼儿自身开展的主题,如“我的小手”“我会做……”等。

(2) 围绕自然环境开展的主题,如动植物系列、气候等。

(3) 围绕社会开展的主题,如节日系列、与人交往系列等。

(4) 围绕科学知识开展的主题,如“有趣的圆形”“太空漫步”等。

二、主题活动的流程与组织

(一) 选择恰当的主题内容

主题活动的内容来源一般有:一种是园所、机构每学期较为固定的主题活动,如节日、节气系列的“欢喜过大年”“爱在中秋”“粽子飘香”等。另一种是教师根据婴幼儿的成长过程中的“小火花”或“转折点”,为婴幼儿设计一些主题活动,满足婴幼儿成长的需要。主题活动的内容无论来自哪一种,都要从婴幼儿的角度出发,选择其感兴趣的、贴近生活的、有意义的主题内容,让婴幼儿学得自然快乐、积极主动。

1. 从婴幼儿的兴趣出发

在每一次选择主题内容之前,教师先观察、了解婴幼儿当前最感兴趣的是什么,从婴幼儿关注的话题中寻找主题,从吸引婴幼儿的事件中寻找主题,从婴幼儿的角色行为中寻找切入点。如:雨季时孩子对身边的“伞”兴趣很高,所以,生成和选择了主题活动“多姿多彩的伞”。

即使是固定的主题活动,也要观察、了解婴幼儿对主题内容中的哪些方面感兴趣,以便下一步为婴幼儿设计具体的活动做准备。

2. 立足婴幼儿熟悉的事物和生活经验

婴幼儿的认知发展规律一般从自身开始,然后将注意拓展至家庭、其他人、周围世界,由浅至深、由易至难。0～3 岁婴幼儿以具象思维为主,因此,主题内容应来自婴幼儿周围的人、事、物,以及婴幼儿已有的生活经验，事物宜小不宜大，如：主题活动“美丽的花”“可爱的小动物”等这些主题来自婴幼儿生活中常见的事物，从婴幼儿经验入手来开展有利于主题活动的拓展。

3. 确保主题的连续性

在选择主题时，要联系婴幼儿的能力、生活经验、兴趣等方面，考虑活动内容之间能否具备连续性，如“花卉”的主题，需要婴幼儿连续观察花，探索花的秘密，积累有关花的知识。

（二）搜集有关的主题资料

确定主题后，根据主题搜集主题资料。教师查阅各种资料，寻找有关的教育内容、活动图片、活动资料，使主题活动内容合理、生动。如果能邀请家长共同参与提供资料，能拓展主题活动的思路，资料会更丰富，同时也体现了家园共育的教育主张。

（三）精心设计主题网络

查阅各种资料后，精心设计主题网络，主要思考：在这个主题中婴幼儿可以做什么？可以获得什么经验和概念？可以激发婴幼儿的什么兴趣？如何拓展和延伸主题内容？然后用网络的形式展现出来。主题网络图是教师对主题活动设计意图、达成目标、活动实施等的整体规划，某种程度上是教师理解主题活动开展形式，甚至深层意义的指标。

主题活动的理论来源之一是加德纳的多元智能理论，主题网络图中的各项活动尽量多元化，应尽可能地覆盖《托育机构保育指导大纲（试行）》中婴幼儿生活与卫生习惯、动作、语言、认知、情感与社会性等的养成要求，避免主题活动只锻炼发展婴幼儿的一两种习惯和能力，实现教育的个性化与多样化要求，让不同的孩子在不同的方面都得到充分的发展。

如“美丽的花”主题网络图（见下图）：

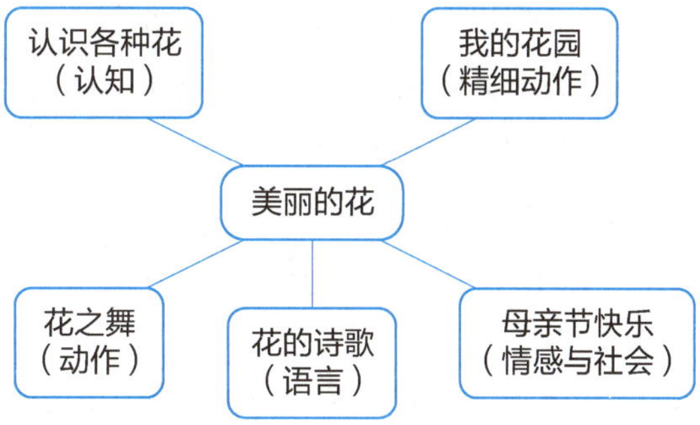

有些主题看似抽象，部分教师认为让 3 岁以下的孩子理解抽象概念太难，不知该如何设计活动。婴幼儿的教育活动重在启蒙，婴幼儿的主题活动是要将抽象的概念转化为具体的、可被感受的活动，也就是在主题活动中找到能够调动婴幼儿的听、看、摸、嗅、尝等多种感知觉的主题元素，让婴幼儿去感受，例如某托育园开展了中国传统文化中 24 个节气的主题活动，在霜降这一天，托大班组织了“霜降——柿柿如意”的活动，教师选择秋天的代表食物柿子，带孩子们参与了从新鲜柿子到柿饼的整个制作过程。也许孩子们仍然无法说清霜降的定义和意义，但在孩子兴意盎然地体验柿子的洗、削、泡、晒过程中，他们的心中已悄然种下了一颗热爱中华传统文化的种子。

（四）撰写主题活动的总目标、分目标和各活动的方案

如“美丽的花”主题总目标、分目标和各活动方案：

总目标：

1. 知道常见花卉的名称、颜色。

2. 能说出花的名称、颜色；能用撕、粘贴等形式完成花的图案；能唱、跳与花有关的歌曲和律动。

3. 通过对各种花卉的观察、欣赏，培养婴幼儿观察自然的兴趣和热爱自然的情感。

活动一：认识各种花

活动目标：

1. 通过图片和户外观察，认识常见的几种花卉。

2. 能说出花卉的名称和颜色，巩固颜色的认知。

3. 通过活动培养对自然美的感受。

活动准备：

菊花、玫瑰花、牵牛花、荷花、水仙花、兰花的闪卡；户外种植区。

活动过程：（略）

活动二：我的花园

（……）

（五）根据主题网络图和活动方案，开展各项活动

3岁以下的婴幼儿对事物充满好奇和探索的欲望，但其理解力、操作能力和创造力有限，容易受情绪的支配，意志力和注意力都较弱，因此，3岁以下婴幼儿的主题活动的实施过程较为简单，主要是以模仿和趣味探索为主，单次活动的时间较短，整个主题活动的时间一般在1周左右，如果婴幼儿仍有兴趣，可以延长时间。

（六）设计主题墙和创设婴幼儿活动的环境

主题活动的环创包括主题墙以及室内外环境的布置。

1. 主题墙的设计和布置

主题墙是根据所开展的主题活动内容而专门设计和布置的教室中的墙壁，它将主题活动的内容和过程加以形象化、具体化，或展示婴幼儿的作品，或将主题的一些内容以图片、绘画、文字等呈现出来，它是婴幼儿学习成长过程的体现，也是教育活动成果的展示，帮助婴幼儿进一步直观理解、回忆活动的内容和知识。

设计要求：

① 可说明主题的由来、意图，以及联系本班实际开展的原因，简单介绍主题脉络图。

② 婴幼儿的作品为主题墙面成果展示的重点，一定程度上体现婴幼儿的参与性。

③ 总结整个主题活动，引出延伸活动，介绍活动的价值。

2. 室内外环境的布置

根据主题活动的开展，要进行相关的环境创设。在环境中给婴幼儿呈现一些根据婴幼儿年龄特征能够理解和掌握的内容。首先，3岁以下婴幼儿还不能很好地理解因果关系，因此，婴幼儿的作品和生活中常见的与主题有关的物品是环境布置的重点，以此来帮助婴幼儿回忆和巩固经验。其次，环境的创设既要追随主题，又要支持和推动主题的开展。比如春节的主题活动，在室内可以将教师与婴幼儿、家长共同收集有关新年的图片、照片、实物等布置成专栏。在门口贴上对联、福字，窗户上贴窗花，还可以悬挂用废

旧物品制作的灯笼、爆竹等，模拟春节喜庆祥和的气氛。

3. 主题活动环境创设的原则

① 主题活动环境创设的内容不是一成不变的，可以随时变化、增减。如随着婴幼儿兴趣需要布置墙饰，或随主题的变化而变化。可以是重新布置，也可以是逐步地深入与丰富。

② 从婴幼儿的角度，以他们的眼光来创设环境。如通过观察询问，提供材料等手段了解婴幼儿的兴趣和需要，并根据不同年龄段的差异，从而创设出不同教育价值的环境。

③ 环境创设应生动、直观、真实，环境布置不要局限于“墙”上，不要局限于贴，譬如教室的某个角落，某个窗台，某个柜子，都可以成为环境的一部分。

三、主题活动典型案例

（一）托育园主题活动案例

主题：云南的美食

月龄段：30～36 个月

主题活动名称：云南的美食——过桥米线		
总目标： 1. 通过游戏和故事讲演，了解过桥米线的配料和传说。 2. 通过游戏和观察，初步知道过桥米线的吃法。 3. 通过品尝过桥米线，感受云南的美食，增强对家乡的情感。		
活动一：到我碗里来	活动二：过桥米线的传说	活动三：美味的过桥米线
活动一目标： 1. 知道并能说出过桥米线的基本配料和吃法。 2. 与教师、其他幼儿配合完成集体合作游戏：放配料和米线，锻炼听指令的能力、肢体协调能力和集体协作能力。	**活动二目标：** 1. 通过倾听和观看，了解关于过桥米线的传说，并能基本复述。 2. 培养幼儿对中国饮食文化的兴趣。	**活动三目标：** 1. 通过观察，了解过桥米线放各种配料的顺序。 2. 认真品尝过桥米线的味道，能说出对过桥米线的感觉。 3. 培养对中国传统饮食的情感，养成健康的饮食习惯。
活动一方案 **活动准备：** 1. 物品准备：米线碗、米线配料、米线等的模拟道具。 2. 幼儿经验准备：能听从指令做动作，能完成手持物体绕圈走、抛扔等动作。 **活动过程：** 1. 导入： 教师出示过桥米线的图片，与幼儿讨论过桥米线的信息：这是什么？你知道过桥米线的配料有哪些吗？你吃过过桥米线吗？吃过桥米线的流程是怎样的？ 2. 游戏环节： ①“今天我们一起来做一碗过桥米线吧？”教师出示游戏道具：大米线碗、米线配料、米线等道具。	**活动二方案** **活动准备：** 1. 物品准备：过桥米线传说的人物、场景道具。 2. 幼儿经验准备：能专注地观看故事讲演，理解简单的情节，能复述基本情节。 **活动过程：** 1. 导入： 教师询问幼儿：为什么过桥米线要叫“过桥”？让幼儿自由回答。 2. 故事讲演环节： ① 用纸偶、道具等表演过桥米线的传说。 ② 帮幼儿回顾表演的主要内容。	**活动三方案** **活动准备：** 1. 物品准备：热汤、米线配料、米线、大碗、幼儿小碗、筷子、勺子等；教师佩戴口罩、一次性手套。 2. 幼儿经验准备：能听从要求安静观察，能自行就餐。 **活动过程：** 1. 导入： 教师与幼儿回顾讨论过桥米线的配料、吃过桥米线的流程。 2. 吃过桥米线环节 ① 教师向幼儿出示过桥米线和配料，让其观察。 ② 教师按步骤在热汤里下配料、米线等，边操作边与幼儿讲解、交流。

续 表

活动一：到我碗里来	活动二：过桥米线的传说	活动三：美味的过桥米线
② 幼儿每人举一个配料道具，跟随音乐，和教师一起围着“碗”走线。 ③ 当听到放配料的指令时幼儿将手里的“配料”放到“碗”里，接着教师将“米线”放到“碗”里；然后幼儿每人一把“米线”，也放到“碗”里。 ④ 和幼儿回顾做这碗过桥米线的流程，并与之合影。		③ 将做好的过桥米线分给幼儿品尝，要求就餐时不讲话，仔细品味。 ④ 用餐完毕，与幼儿讨论米线的味道。
主题活动环境创设要点： 1. 制作放大的米线碗、米线配料、米线等道具，供“到我碗里来——过桥米线的吃法”游戏用。 2. 制作过桥米线传说的人物、场景道具，供“故事小剧场”表演用。 3. 区域中创设“米线馆”，供宝宝们开展角色游戏和模拟体验。 4. 墙饰上装饰家园合作的作品：过桥米线的图片、家庭吃过桥米线的照片、宝宝们对过桥米线的评价，“云南十八怪——过桥米线人人爱”的标语、装饰画等。 5. 展区摆设幼儿关于过桥米线的手工作品。		

（二）亲子活动主题活动案例

早期教育亲子活动设计[①]

1. 序号第 05 卷

2. 题目《多彩的豆子》25～30 个月

3. 内容

(1) 亲子活动设计

(2) 教学活动展示

4. 基本要求：

(1) 根据给定素材与年龄段，设计亲子活动的教案(15～20 分钟左右)。教案格式完整规范，包含活动目标(家长学习目标和婴幼儿发展目标)、活动准备、活动过程(包含家长指导语)、家庭活动延伸，语言清晰、简洁、明了，目标设计、内容选择、方法运用等满足家长科学育儿的需求，符合婴幼儿的年龄特点。

(2) 根据已设计的教案进行亲子活动环节的模拟教育展示，仪态大方、举止文雅、表情自然、丰富，有亲和力，语言规范，条理清楚，逻辑性强，表达流畅。教学活动展示在 7 分钟之内完成，无教具。

附件：

素材 1：绘本《妈妈买绿豆》

素材 2：厨具模型(灶台、锅、汤勺)

素材 3：绿豆、黄豆、红豆、扁豆、碗、勺子

---

① 案例来自 2022 年第三届“幼乐美杯”全国职业院校技能大赛(高职组)。

素材4：彩虹伞、海洋球、纱巾

教案设计案例

1. 走线活动

模仿走线		
活动目标	婴幼儿发展目标	锻炼身体的协调性和身体平衡能力；能在走线过程中让筐里的球不掉落，培养初步的责任感。
	家长指导目标	和宝宝一起做托物走线动作，为宝宝示范。
活动准备	海洋球，小筐子，儿歌《蚂蚁搬豆》。	
活动过程	1. 走线介绍 师：今天的托物走线活动，要请家长和宝宝双手端着小筐子，保护好筐子里的球不落地。 2. 情境导入 (1) 师：我们的游戏叫“蚂蚁搬豆”。今天宝宝和家长们是勤劳的小蚂蚁，小蚂蚁要将豆子搬回家。 (2) 师：请家长看看宝宝的双手是否端住筐子的两端，宝宝走得真稳真好！ (3) 师：现在请大家带着自己的豆子回到位置坐下来吧！	
亲子指导	走线时，家长引导宝宝双手端好筐子，保护好筐中的“豆子”，不要掉落。	
家庭活动延伸	此月龄段宝宝，身体的协调性和平衡能力正在逐步增强，托物走线能够进一步锻炼宝宝平衡能力。回到家里，家长可以为宝宝准备塑料筐，装上宝宝喜欢的玩具，让宝宝继续练习托物走线。	

2. 炒豆子

炒豆子(大动作)		
活动目标	婴幼儿发展目标	锻炼手臂的力量和手指的抓握能力；能够听指令完成动作任务；体验和其他人集体合作游戏的快乐。
	家长指导目标	协助宝宝完成抬臂、抓握、跳跃等动作，活动过程中保护好孩子安全。
活动准备	彩虹伞、海洋球、纱巾。	
活动过程	1. 出示彩虹伞 师：大家看，这是好玩的彩虹伞，我们一起把它打开吧(家长与宝宝一起打开彩虹伞)。 2. 游戏过程 (1) 师：我们的游戏叫“炒豆子”。这是我们的大锅，我先让大锅热起来(让家长和宝宝们拉着彩虹伞的边，向一个方向走，放音乐，当听到快节奏的音乐时就快走，当听到慢的音乐时就慢走，顺时针和逆时针方向交替走)。 (2) 现在我们的锅已经热啦，老师要往锅里倒彩色的豆子，我们一起来炒豆子吧(用纱巾包一包海洋球，倒进彩虹伞里，家长和宝宝边念儿歌“炒炒，炒豆豆，炒好黄豆炒蚕豆。”边抖动彩虹伞，让海洋球弹跳起来)。 (3) 师：我们的锅不够热，豆子还不熟，宝宝们钻进锅底来当小火苗，帮大锅把豆豆炒熟吧(让家长们抬高彩虹伞，宝宝们钻进伞底部，跳起来拍打伞底部，使海洋球跳起来)。 (4) 师：现在豆子熟了，宝宝们把豆子盛到碗里吧(让宝宝将不同颜色的海洋球放到与之颜色一致的几个圆筐里)。家长们一起将彩虹伞收起来。	
亲子指导	家长与宝宝一起拉彩虹伞时，家长要照顾到宝宝的身高和行走的速度；适当给予宝宝鼓励的语言。	
家庭活动延伸	此月龄段宝宝，手脚的协调能力、口眼手之间的协调性逐步增强，彩虹伞活动能够进一步锻炼宝宝的手臂力量和身体的协调能力，此外也是让宝宝体验与他人合作的乐趣。回到家里，家长可以准备大毛巾，几个家庭成员一起玩炒豆子的游戏。	

3. 分豆子(学生自行完成)

4. 绘本故事讲述

<table>
<tr><th colspan="3">绘本故事讲述《妈妈买绿豆》(语言)</th></tr>
<tr><td rowspan="2">活动目标</td><td>婴幼儿发展目标</td><td>初步了解绘本故事的内容;了解绿豆汤的制作过程;感受参与家务的成就感和日常中亲情的温暖。</td></tr>
<tr><td>家长指导目标</td><td>和宝宝一起讨论绿豆汤的制作,回顾生活中的亲子场景。</td></tr>
<tr><td>活动准备</td><td colspan="2">绘本《妈妈买绿豆》。</td></tr>
<tr><td>活动过程</td><td colspan="2">1. 导入
师:宝宝们有没有喝过绿豆汤?爸爸妈妈们在家有没有为宝宝们煮过绿豆汤啊?
2. 绘本讲述
(1) 师:(呈现绘本封面)今天我们一起来看看,有一位叫阿明的小朋友和妈妈一起买绿豆、煮绿豆汤的过程吧。
(2) 师:这本绘本的名字叫《妈妈买绿豆》(故事讲述)。</td></tr>
<tr><td>亲子指导</td><td colspan="2">第一遍通讲,第二遍与各个家庭回顾、讨论绘本中阿明和妈妈买绿豆、煮绿豆汤的过程,引申至家庭中宝宝与父母一同做的各种事情。</td></tr>
<tr><td>家庭活动延伸</td><td colspan="2">此月龄段宝宝运动能力增强,自我意识也有较大的发展,除了教他们一些自理能力外,可以让他们帮大人做一些简单的家务。回到家里,家长可以带宝宝一同完成一种食物的购买和制作过程,让宝宝感受参与家务的乐趣和同父母互动的亲密感。</td></tr>
</table>

5. 煮豆子(学生自行完成)

给未来老师的工作建议

在孩子眼中,这个世界的每一样事物都值得仔细探索、慢慢品味,他们努力启动所有的感官去认识、理解周围的人、物、事。作为成年人的我们不一定总是引领孩子,有时孩子也会引领我们,让我们感受与成人不一样的看世界的思维和方式。如果你不知道该为孩子组织什么样的活动,为找不到活动的方法而绞尽脑汁,也许在你俯下身子和孩子交流的时候,你会有很多灵感迸发。我们有责任让孩子看到这个世界的丰富和有趣,提供给他们"看世界"的各种渠道和方法,允许孩子选择用自己喜欢的方式去观察、探索。让我们成为为孩子打开探索之门的那只手。

孩子的教育不只是教师的责任,开展活动时别忘了还有家长、社区、社会这些宝贵的资源,他们的加入会开阔你的视野,提升活动的现实价值,也许还会更生动有趣呢。

课后加油站

相关实操活动

结合托育、早教机构手工和环境创设实操,为特定主题活动制作道具、主题墙,创设部分环境。

推荐视频资料

关于托育、早教机构主题活动视频

推荐课后阅读

《0—3岁儿童亲子游戏设计与指导》(曹桂莲主编)

《0—3岁婴幼儿教育活动与指导》(张明红著)

思政园地

将本土文化融入婴幼儿主题活动中,不仅给婴幼儿教育模式注入了新的活力,也能接地气地让婴幼儿了解当地文化,习得生活经验,从而丰富主题活动,让主题活动升华。积淀下来的本土文化,大都吸收了本地历史发展过程中优秀文化的精髓,可利用价值较高,能给婴幼儿带来积极的影响,可以潜移默化地让婴幼儿树立起热爱家乡的观念,不仅能让婴幼儿从小培养文化素养,而且能发挥本土文化资源在现代教育应用中的价值。让本土文化浸润于教师文化素养中,浸润于环境创设中,浸润于主题活动中。

中华民族有着五千年悠久的历史和灿烂的文化,各地的本土文化是其中一颗颗璀璨的明珠,内容丰富多彩,蕴涵着丰富的教育资源。通过布置具有本土文化的主题环境,开展本土文化艺术主题活动,让婴幼儿初步感知中国各地文化的多样性和差异性,是激发婴幼儿的民族自豪感的基石,而且可以丰富婴幼儿的感性体验和审美情趣,激发他们表现美和创造美的情趣。"只有民族的,才是世界的。"我们只有提升教师传统文化素养,制定科学有效的本土化园本课程,创造婴幼儿需要、凸显地域特色的婴幼儿教育模式,才能使本土文化在主题活动中得以充分体现。

(摘自施月平《让地域文化浸润,使婴幼儿教育飘香》2018年,有修改)

任务总结

主题活动是每一个早教、托育机构几乎都要开展的综合性教育活动,本任务以早教教师岗位上实施主题活动的关键步骤为学习内容,将整个主题活动的实施流程进行了讲解,即从计划、选题到主题网络设计,再到实施,以及配合主题活动的环境创设。重点学习主题活动内容的选择、主题系列活动的设计和主题环境的创设。旨在帮助学习者掌握早教教师岗位上重要教育活动的知识和技能,以便在今后的工作岗位上顺利开展教育工作。

任务拓展

1. 什么样的主题活动,才能体现早期教育的特点?
2. 你能针对早期教育机构中的亲子活动提出几个主题活动项目吗?并且设计出主题下具体的活动内容。

图书在版编目(CIP)数据

婴幼儿保教综合实训/聂红仙,邓迎,汪志翔主编.—上海：复旦大学出版社，2023.7
ISBN 978-7-309-16884-6

Ⅰ.①婴… Ⅱ.①聂… ②邓… ③汪… Ⅲ.①婴幼儿-早期教育-教材 Ⅳ.①G61

中国国家版本馆 CIP 数据核字(2023)第 106950 号

婴幼儿保教综合实训
聂红仙 邓 迎 汪志翔 主编
责任编辑/查 莉

复旦大学出版社有限公司出版发行
上海市国权路 579 号 邮编：200433
网址：fupnet@fudanpress.com http://www.fudanpress.com
门市零售：86-21-65102580 团体订购：86-21-65104505
出版部电话：86-21-65642845
上海丽佳制版印刷有限公司

开本 890×1240 1/16 印张 8.5 字数 233 千
2023 年 7 月第 1 版第 1 次印刷
印数 1—4 100

ISBN 978-7-309-16884-6/G·2499
定价：38.00 元